臨済録のことば

禅の語録を読む

小川　隆

講談社学術文庫

目次

臨済録のことば

凡例

一、本書は『臨済録』——禅の語録のことばと思想』岩波書店・書物誕生　あたらしい古典入門、二〇〇八年、を文庫版に改めたものである。

一、文章は右の原版から変更していないが、二三の誤脱を訂したほか、ふりがなの追加、用字・かなづかいの統一など、表記上の少許の修整を施した。また禅宗独特の用語について簡単な語注を挿入したところがある。

一、「凡例」を文庫版に合わせて改め、「本書に登場する主な禅僧の略系図」と「学術文庫版あとがき」を新たに加えた。原版にあった口絵（仙厓の馬祖・臨済像）は省いた。

一、巻末の「参考文献」は原版のままとし、その後に「参考文献（補）」を附して近年の新しい書物を追加した。

一、原典の引用にあたっては、底本として依拠した先行の校訂本・訳注本などの書名と頁数を原文（漢文）のあとに記す。頻出する書名については略称で示した場合がままあるが、「参考文献」でその詳しい書名や書誌を確認できるようになっている。『祖堂集』と『景徳伝灯録』の引用は、禅文化研究所・基本典籍叢刊の影印本に拠り、その頁数のみを記す。二種の頁数を記している場合は、さきにあげたものが直接引用に用いた書物で、あとに補記したのは、副次的に参照したもの、または一般によく普及していて簡便に参照可能なものである。

一、特に書き分けの必要が無い限り、字体は原則として通用の常用漢字に従うが、禅籍中の慣用の字体をのこした場合もある。また「達摩」と「達磨」など複数の表記がある語については、それぞれの文献の用字に従い、本書を通じての統一は行わない。

一、原文には筆者の理解に基づく、新たな句読・評点を施した。原文のあとに示す訓読および解釈は、所掲の校訂本・訳注本に多くを負いながらも、最終的にはすべて筆者の責任で新たに考えたものを掲げる。したがって、それは、その前に記した先行の訳注書の訓読や訳文とは一致していない。

一、引用文中、原則として（　）は原文の注記、〔　〕は筆者による補足である。原則からはずれる場合はそのつど注記する。また引用文に対し、ふりがなの追加、字体の変更、符号の改変・省略などを行った場合がある。

本書に登場する主な禅僧の略系図

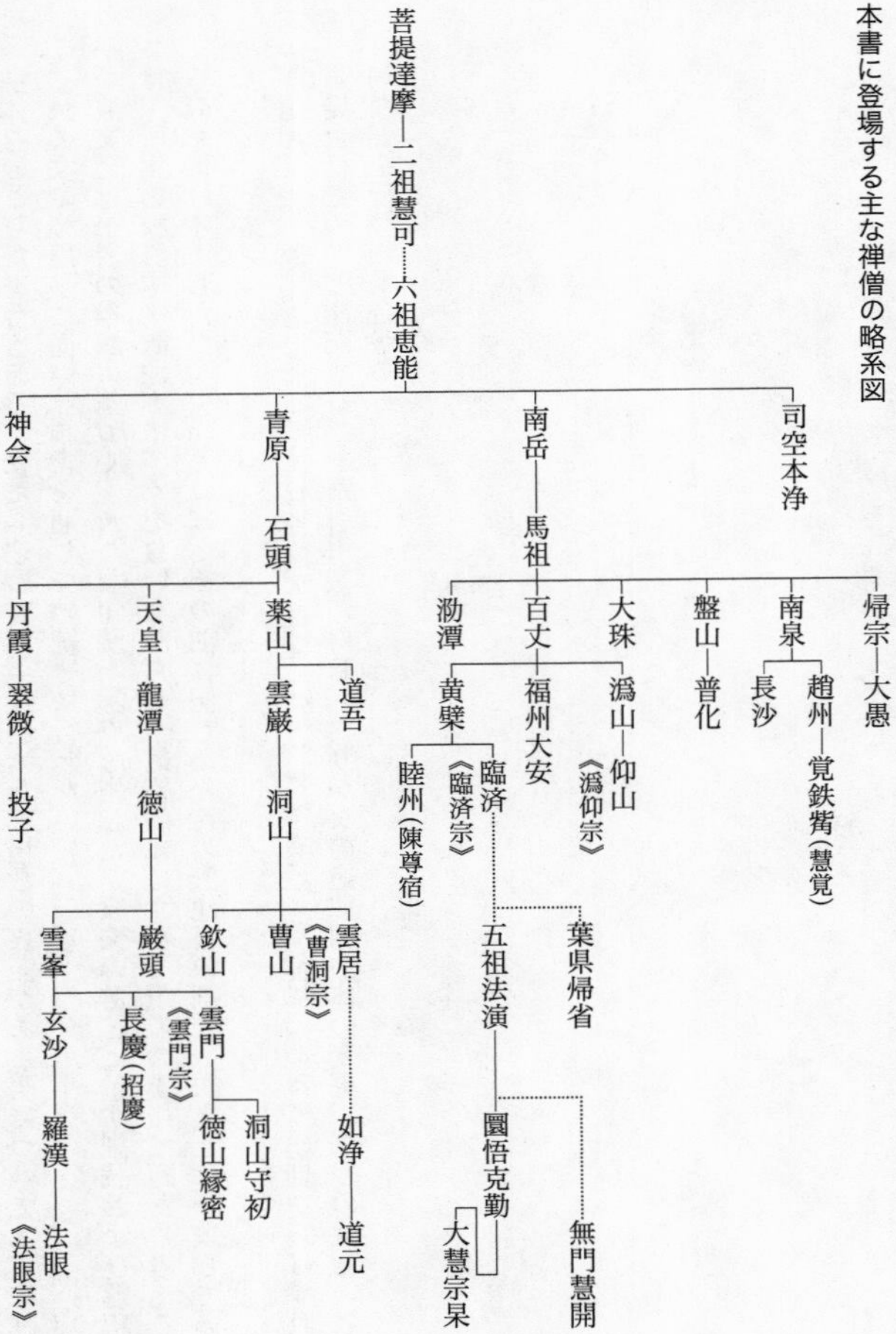

臨済録のことば

禅の語録を読む

プロローグ――古典としての禅語録

こんにゃく問答

何はともあれ、まず、次の一句からご覧いただきたい。

私の娘は男です。

日本語学でよく用いられる例文なので、すでにご存知の向きも多かろう。だが、この一句を初めて目にし、思わずギョッとされたあなたには、さらに次の説明をご覧いただきたい。

一見ナンセンスに見える表現が、コンテクストの中ではごく自然な言い方であることが分かることがある。例えば次のような場合である。

(34) 私の娘は男です。

コンテクストなしにはこれは全くあり得ないことを述べている矛盾した表現か、あるいは娘が男まさりであるというつもりの誇張した表現であろうと推定するのがせいぜいのところである。しかし、これは実は電車の中で年配の婦人がやはり同年配位の友達らしい婦人に向って、自分の結婚した娘に男の子が生まれたことを告げている表現である。そのようなコンテクストではこれはナンセンスな表現どころか、全く自然な表現である。しかし、このような場合に出会うと、日本語は「非論理的」だと言う人の気持も分からないことはないという気がする。(34)は例の「僕はうなぎだ」式の表現の一つの場合である。(池上嘉彦「言語学とナンセンス」『詩学と文化記号論』講談社学術文庫、一九九二年、頁一六五)

右は日本語について説かれたものだが、同様の場面・文脈においての会話なら、中国語でも「我們家的女児是男的。——うちの娘は男です」という文が成り立ちうる。

ことば、特に口頭の会話が、情況や話の脈絡、その他、話者どうしの共有するさまざまな情報や常識に依拠して成立していることは、言うまでもない。会話がうまく成り立たず、やりとりがチグハグになるのは、実際には未だ共有されていない前提を、話者の一方が勝手に前提としてしまった場合であろう。また、当人どうしの間では話がはずんでいるのに、第三者にはそれがトンチンカンなものに見えてしまうこともある。それは、話者どうしの共有している前提が、その第三者には共有されていない場合であろう。若者の間では今日すでに死語かもしれないが、そういうチグハグでトンチンカンなやりとりのことを、むかしは「禅問答のようだ」などと言ったのである。

ぜんもんどう【禅問答】禅宗の坊さんが行う問答（のように、当事者以外には、何を言っているのか分からない問答や、押え所の無い返事）。こんにゃく問答。

（『新明解国語辞典』第四版、三省堂、一九八九年）

ゼンモンドウ【禅問答】㊀禅宗で、修行のためにする問答。㊁問いと答えが食い違った問答。こんにゃく問答。

（『新潮国語辞典――現代語・古語』第二版、新潮社、一九九五年）

「禅問答」の類義語とされる「こんにゃく問答」は、もと、二代目林家正蔵《はやしやしょうぞう》作と伝えられる落語の題。こんにゃく屋のオヤジが珍妙なやりとりによって練達の行脚《あんぎゃ》僧を撃退してしまうという愉快なお話だが、実はオヤジの見当はずれの応対を、僧のほうが勝手に深読みして一人で恐れ入っていただけだったというオチである。

この落語が古い昔ばなしを原型とし、それがさらに中国の笑話に起源をもつことはつとに指摘されている。ここでは内田道夫「『中国の笑話』序」の文を借りて、その梗概を紹介しておこう。明の戯曲作家、李開先《りかいせん》の文集に収める「打唖禅院本《だあぜんいんぽん》」という作品の要約である。

和尚が賞金を出して唖禅（だんまり問答）の相手をつのると、肉屋がこれに応じる。和尚が指一本だすと肉屋が二本出す。和尚が三本出すと肉屋が五本出す。和尚が頭をうなずいてみせると肉屋は和尚を指さしてからまた自分を指さす……。和尚は感服して賞金をわたす。和尚が一本の指を出して一仏世に出ずというと、肉屋は二本の指を出して二菩薩涅槃《ねはん》に来たるという。和尚が三本の指を出して仏法僧を三宝となすというと、肉屋は五本の指を出して達摩が流儀を伝えて五代という。和尚うなずいて来意を知るといえば、肉屋彼我を指さして人無く我無しという……。そこで和尚が感服したのであったが、肉屋のほうでは和尚が指一本出してお寺に豚が一匹いるから売るというので、指二本出して二百文でどうだという。和尚が指三本出して、では三匹売るというからこちら指五本出して三匹なら五百文だといったら和尚がうなずいたので、こちらもおたがいに満足だといってやったのだという。（荘司格一・清水栄吉・志村良治『中国の笑話――笑海叢珠・笑苑千金』筑摩書房、一九六六年、頁六。「……」の省略も原文）

こういう話が笑い話として受容されていたということは、中国でも、日本でも、禅問答なるものについて、珍妙な詭弁を弄する不可解なやりとりという通念がひろく行われていたことを物語っていよう。もとのものが知られていなければ、戯画化や茶化しが可笑しく感じられるはずがないからである。

公案とは

では、そうした派生義のことはひとまず置いて、そもそもの禅の問答とは、如何《いか》なるものであったのか。修行の課題として参禅者に与えられる禅のことばを「公案《こうあん》」という。「公案」はもと役所の書類・公文書、およびそこに記された事件・案件をいう近世の中国語で、かつては犯罪や裁判を扱った講談や芝居のことを「公案」ものとよび、また現代の中国語でも頭の痛い難題を「公案」ということがある。古来、禅の公案として最もよく用いられている問答といえば、まず、有名な次の一則に指を屈するであろう。いわゆる「趙州無字《じょうしゅうむじ》」の公案である。


趙州《じょうしゅう》和尚、因《ちな》みに僧問う、「狗子《くし》に還《かえ》って仏性《ぶっしょう》有りや也《ま》た無《な》しや？」州云く、「無《む》」。

——趙州従諗《じゅうしん》和尚に僧が問う、「イヌにも仏性が有りましょうか」。趙州いわく、「無《ム》！」

（『無門関《むもんかん》』第一則）


夏目漱石『夢十夜』第二夜に「短刀を鞘《さや》へ収めて右脇へ引きつけて置いて、それから全伽《ぜんが》〔結跏趺坐〕を組んだ。——趙州曰く無と。無とは何だ。糞坊主《くそぼうず》めと歯嚙《はがみ》をした」（岩波文庫、頁一三）とある。明らかに右の一則をふまえたもので、漱石自身の鎌倉円覚寺《えんがくじ》における参禅体験に基づいた描写と考えられる。

この「趙州無字」と並んでもう一つ有名な公案に「隻手音声《せきしゅおんじょう》」というのがある。江戸時代の禅僧、白隠慧鶴《はくいんえかく》（一六八五—一七六八）の創唱にかかる公案で、「両掌《りょうしょう》相い拍《う》って声あり、隻手《せきしゅ》に何の声かある」、すなわち、両手をうてば音がする、しからば片手の声は如何なるものか、というものである。サリンジャーの小説『ナイン・ストーリーズ』の冒頭に掲げられた次の一文は、この公案の英訳である。

We know the sound of two hands clapping.
But what is the sound of one hand clapping?

聞くところによれば、今日、臨済《りんざい》系の老師について参禅する場合、最初に課せられる公案は、右のふたつのうちのいずれかであるのが普通であるという。たとえば鈴木大拙《すずきだいせつ》（一八七〇―一九六六）は最初の師今北洪川《いまきたこうせん》から「隻手音声」の公案を授けられ、洪川の没後、その後をついだ釈宗演《しゃくそうえん》――漱石が参禅したのとおなじ老師――からあらためて「趙州無字」を課せられて「見性《けんしょう》」の体験を得たという。大拙はいう。

> 洪川老師が机の上から手を出して〝さあ聞いたか〟といわれたのを、いまに憶えておる。隻手の音声を聞いたか――〈両掌相打って音声《おんじょう》あり、隻手に何の音声かある〉というわけだ。しかし、そのころは何も分からなかった。ただ老師の生きた人格に接して、ありがたいと思ったというだけだったな。宗演老師になってからだ、公案が〝隻手〟から〝無字〟に変わって、今から考えてみても、ただもう無中《〔ママ〕》になって参禅をした。……〝無字〟で一所懸命だったわけだ。富士見亭で夜坐をした話は前にしたな。舎利殿の中

でも坐ったな。その裏に洞穴があるわい。開山仏光国師の坐禅の跡という、続灯庵の裏のほうだ。あそこへも行って独りで坐ったわい。そんなことで、アメリカに行く前の年の臘八の摂心に、〝これだ！〟ということがあったわけだ。……〝これで何年来の胸のつかえがおりた〟という感もなかったわけではないが、一方また〝これでまったくい〟ということもなかった。このときはまあ無我無中《ママ》のようなものだ。西田（幾多郎博士）も書いていたな。〈無字を許さる、されども余甚だ悦ばず〉というのだったかな。その人の性格にもよるが、わしもこのとき喜ぶということも特別なかったようだ。（秋月龍珉『世界の禅者――鈴木大拙の生涯』岩波同時代ライブラリー、一九九二年、頁一三九）

西田幾多郎（一八七〇―一九四五）の場合は、雪門《せつもん》和尚に参じて最初に「無字」を与えられたが途中でそれを「隻手」に替えられ、次に参じた大徳寺《だいとくじ》の広州《こうじゅう》老師から再び「無字」を与えられて、ついにそれを突破したということらしい。右に引かれた言葉は、明治三六年（一九〇三）八月三日付の「日記」に見えている。大拙も幾多郎も自分ではその体験に満足せず、そこからさらに独自の思索を深めていったわけだが、ともあれ、近代の禅的言説の起点に「無字」の原体験があったことは確かである。

「麻三斤《まさんぎん》」「乾屎橛《かんしけつ》」「柏樹子《はくじゅし》」

以上のほか、公案としてよく用いられてきた代表的な禅問答に、次のようなものがある。

洞山《とうざん》和尚、因《ちな》みに僧問う、「如何《いか》なるか是れ仏？」　山云く、「麻三斤《まさんぎん》」。――洞山守初《しゅしょ》和尚に僧が問う、「仏とは何ぞや」。洞山いわく、「三斤の麻《あさ》」。（『無門関』第一八則）

雲門《うんもん》、因みに僧問う、「如何《いか》なるか是れ仏？」　門云く、「乾屎橛《かんしけつ》」。――雲門文偃《ぶんえん》和尚に僧が問う、「仏とは何ぞや」。雲門いわく、「干《ひ》からびたクソ」。（同、第二一則）

趙州、因みに僧問う、「如何《いか》なるか是れ祖師西来意《そしせいらいい》？」　州云く、「庭前《ていぜん》の柏樹子《はくじゅし》」。――趙州和尚に僧が問う、「達磨《だるま》大師がインドからやって来た意図は、如何なるものか」。趙州いわく、「庭さきのヒノキ」。（同、第三七則）

たしかに、どの答えも僧の問いに対応しているようには見えず、不可解なことこの上ない。「当事者以外には、何を言っているのか分からない問答」「問いと答えが食い違った問答」などといった派生義が生まれてくるのも、宜《むべ》なるかなと言うほかない。

だが、禅問答はほんとうに、そんな意味不明な「こんにゃく問答」のようなものだったのであろうか。

ここで再び冒頭の「私の娘は男です」の一句を想起してみて頂きたい。前提ぬきで言われればギョッとさせられるこの一言も、然るべき文脈や情況を説明されれば、日常的な会話の一部としてごく自然に腑に落ちる。不可解か否かが、その語句自身でなく、むしろ話の前提や脈絡が話者の間で共有されているか否かによることは、すでに述べたとおりである。

では、禅の問答はどうか。右に列挙したいくつかの問答も、あるいはこれと同様、そもそもはある現実的な情況・文脈の中で、何か具体的な意味をもって言われたものではなかったのか。当時の禅僧たち、つまり対話の当事者たちが前提としていた通念や問題意識をふまえて読むことで、これらを有意味な対話として理解する途も有りうるのではなかろうか。

入矢義高の禅籍研究がもたらしたもの

禅問答に対するそのような解読の途を拓いたのが、入矢《いりや》義高《よしたか》（一九一〇—一九九八）であった。中国文学・中国語学の専家であり、中世・近世の口語文学に深い学殖を具えていた入矢は、当初、その方面の研究の一貫として禅の語録に着目した。口頭の問答の記録であるがゆえに、禅語録のうちには、唐宋代の口語が豊富に書きとめられていたからである。

それを実際にやるのがどれほど大変なことかを別にすれば、入矢の禅籍読解の手法は、ある意味、きわめて当たり前のものであった。すなわち、多数の実例から語義・語法を帰納しつつ、言語をその時代の語感と思考様式に即して正直に読んでゆこうとする、言ってみれば、ただそれだけなのである。だが、それまで、もっぱら日本の禅門の伝統的な読み慣わしに従って読まれ、唐代や宋代の中国語としては読まれたことのなかった禅籍に対して、この読み方は衝撃的な解釈の転換をもたらした。

「麻三斤」

一例として、さきに引いた洞山「麻三斤」の問答を看てみよう。これに関する伝統的な立場からの解説は、たとえば、次のようなものであった。柴山全慶《しばやまぜんけい》『無門関講話』（工藤智光編、創元社、一九七七年）の解説である。

檥隠《とういん》老師（飯田檥隠『無門関鑽燧』）はこの「麻三斤」を次のように提唱している。「ただこの麻三斤、ただこの生三斤、ただこの死三斤、ただこの逆三斤、ただこの順三斤、どこへ行っても同じ分量、広大なるかな麻三斤、長遠なるかな麻三斤、仏祖も倒退三千、いわんや魔外《まげ》をや。」表現が余りに奇異なので、檥隠老師はただ訳のわからぬ言葉を並べているると悪評する人もあるが、もちろんそうではない。生死も順逆も、時間も空間も、仏祖（悟）も魔外（迷）も、この一語に超えよ、と主張しているのである。また『万安鈔《ばんなんしょう》』（万安英種《ばんなんえいしゅ》『無門関万安鈔』）には、「洞山いわく麻三斤、なんとも手がつかぬ鉄のくさびだ。十年二十年、暗黒の深淵に苦悶せねばならぬ。一切の分別《ふんべつ》意識を放下《ほうげ》して、無心になれ、無我になれ。さもなければこの公案の妙旨はうなずけないであろう」とある。前述の檥隠老師の言葉とともに、深く味わうべき評である。

（頁二一四）

一見しごく難解だが、一言でいえば、こうであろう――「麻三斤」は、「仏」とは何かを説明した語ではない、あらゆる思考と判断を拒絶する絶待の一語として、我々に突きつけられたものなのだ、と。

こうした伝統的な解釈に対し、入矢の論文「麻三斤」（『自己と超越――禅・人・ことば』岩波書店、一九八六年）は、麻がなぜ「三斤」なのかという素朴な一点から問うてゆく。言葉をまず、その時代の具象的・即物的な原意に還《かえ》して考えようとするのである。そこで入矢は、多くの史書の記述にもとづきながら「三斤」が唐代の納税や交易における麻糸の基準流通単位であったことを考証する。そして、雲門の問答のなかに「三斤の麻、一疋《いっぴき》の布」という語があることから「麻三斤」が僧一人ぶんの衣《ころも》を指すことを類推し、かくて最後に、次のような解釈を導き出すのであった。

以上で、「麻三斤」が麻の僧衣一着分を作ることのできる材料の単位であることが確かめられた。そこで冒頭の問答は次のように翻訳できる。

問、仏とは何か。

答、衣一着分。

一着分の衣のできる材料はちゃんと揃っている。それは仏のために用意してあるの

だ。さあ、それを衣に仕立てて仏に着せてやれるのは誰か。もしそれができたら、その人は「仏と同参」なのだ。　(頁九二)

むろん「衣《ころも》一着分」という語義が、右のような解に一義的に帰着するとは限らない。たとえば「仏」について問う修行僧に、衣はある、だがその中身のほうはどうなのだ——衣のなかの「自己」を置き忘れて人さまに「仏」を問うのでは、せっかくの僧衣も、麻糸三斤ぶんの空しき脱け殻にすぎぬではないか——そう突き返したと解することもあるいは可能ではなかろうか。

最終的な解釈の可能性は他にもあるかも知れない。だが、いずれにせよ、問答のなかの言葉をただちに超越的な禅語として扱うのではなく、それをまず同時代のごく普通の生活の語に還してみる、そうした入矢の読みによって、一見、無機質な符牒のごとき禅問答が、修行生活の現場における活き身の人間どうしの対話として、鮮やかに蘇らされていることは確かである。

「乾屎橛」

もうひとつ、雲門「乾屎橛」の公案についても看ておきたい。まず「乾屎橛」の語について、日本の禅門では、これを「クソかきべら」とする解釈が広く行われていた。たとえば山《やま》田《だ》無《む》文《もん》『むもん関講話』(春秋社、一九七六年)に、次のようにある。

〝門云く、乾屎橛〟。これはまた、思いきった返事をされたものである。「乾屎橛」、乾は乾いた、屎はくそ、橛はくさびという字であるが、竹か木で作ったへら、乾いた糞のついたへら。仏とはなんですか、乾いた糞のついたへらだというのである。……

宇宙の本体が法身毘盧遮那仏《ほっしんびるしゃなぶつ》であるから森羅万象、仏でないものはない。だから雲門は〝乾屎橛〟と答えられたといっても、それは理窟にすぎない。悟りを開けば、すべてが平等で、そのまま仏だと言っても観念論にすぎない。雲門がどんな気持で、どんな心境で〝乾屎橛〟と答えられたか。そこにお互いの参究すべき重大な問題がある。禅は須《すべか》らく実参《じっさん》でなくてはならぬ。　（頁一七七。傍点は原文）

「乾屎橛」をクソかきべらと解しつつ、この語への汎神論的理解を斥《しりぞ》けているわけだが、では、そうではない「実参」とは、如何なる取り組み方を言っているのか。この則の解説の終りのほうに見える次の一文が、その具体的な捉え方を示している。

そこで、こちらの頭もそのくらいの早さで働かなければなるまい。「如何なるか仏」「乾屎橛」、「ハッ！　ありがとうございます」と、こう出なければ、禅はわからん。直感でいかなければ心眼は開けんであろう。写真と同じことでシャッターを切った刹那《せつな》でないと真はつかめない。写真の真は刹那の真である。〝乾屎橛〟と示されたら、仏とすぐ直感で悟らねばならぬ。でないと、〝眼《まなこ》を眨得《さっとく》すれば、已に蹉過《しゃか》す〟で、眼ばたきをすると、もう永遠に真を失ってしまう。(同、頁一八一。傍点は引用者)

いうこころは、「乾屎橛」の一語を、瞬時に理屈ぬきで、「直感」的に受け取れということであろう。これは「麻三斤」をいかなる解釈をも拒否する絶待の一語としていた、さきの柴山の立場とも通じあう。

いっぽう、入矢の論文「乾屎橛」(『自己と超越』)は、ここでもこうした解釈と異なった独自の考証を提示する。論文は例によってまず「乾屎橛」の語義の確認から着手し、これが乾いたクソそのものであること、「橛」が棒くい状のものを指しヘラ状のものではないこと、「くそかきべら」に当たるもの(「厠《し》篦《へい》」「厠籌《しちゅう》」「厠《し》簡《かん》」などという)はたしかに存在したが「乾屎橛」はそれとは別ものであること、等々を充分の文例によって論証してゆく。そして、そうした語学的な字義の解明と表裏させつつ、さらにこの語が、いわば「仏」という聖なる観念を容赦なく否定し去る、禅者の激烈な批判精神の表出であったことを浮かび上がらせてゆくのである。

今そのなかから、二箇所だけ引いてみよう――

また臨済がかつて参じたことのある徳山《とくさん》の示衆《じしゅう》説法に、

7 仏は是れ老胡《ろうこ》の屎橛《しけつ》なり。

8　もし大理を明らめざれば、饒《たと》い你《なんじ》が仏の肚《はら》の裏《うち》を過《とお》り来たるとも、只だ是れ箇《ひとつ》の能く行く底の（健脚というだけの）屎橛なるのみ。

という奇妙な喩えがある（『正法眼蔵《しょうぼうげんぞう》』巻上）。前者は「仏はダルマの排泄物にほかならぬ」という意であり、後者は「仏の腹中を通りぬけるほどの通力をもったとしても、しょせんは達者に腹中を歩いたというだけの仏のウンチになるのが落ちだ」というのである。ともに「乾」という修飾をはぶいて用いているが、要するに橛の形をした糞のことである。（頁九六）

さらに大慧《だいえ》の「人の屎橛を咬《かじ》るは、是れ好《よ》き狗《いぬ》にはあらず」は、平たく言い直せば、「良い犬は人糞を食いはしない」という意であって、ちゃんとした修行者は人から聞かされた言葉を鵜呑みにはしない、ということの喩えにされている。この例においても、屎橛は棒状のフンそのものであって、呑み込みようもないへらではない。最後に挙げた徳山の第二例8では一層そのことは明白であろう。（頁九八。傍点は原文）

入矢の行文の魅力は、語学的な精確さの追究と、主体的な読み込みの深さとが、常に相互に表裏一体となっている点にある。両者の高次の緊張のなかにあって、個々の例文はもはや証明のために羅列された素材ではない。論証のなかで例文どうしが互いに映発しあい、ひとつひとつの例文が、自らの個性を輝かせながら鮮やかに起ちあがってくるようである。類例どうしが突き合わされてゆくなかで、個々の語義が帰納されるだけでなく、問答の前提になっている当時の禅僧たちの精神や情緒、思考様式や問題関心、そうしたものまでもが自ずと浮かびあがってくるのである。

かくして、これらの例証につづいて論文は、中国の禅者の禅の呈示のしかたに、「至上命題的に正面切った立言」をする「表顕《ひょうけん》」と、「一切の価値範疇の措定を認め」ず「究極なるもの・絶対なるものの定立を拒否」する「捨遣《しゃけん》」の二様があることを論じ、「乾屎橛」を後者の語のひとつと規定したうえで、次のように説くのであった。

いかにもそれは、常識的な絶対至上主義や安易な究極志向に対する百八十度の転換ではあるが、誤解してならないのは、捨遣されたその「乾屎橛」が反転して（或は、そのままで）清浄法身の光明を発することにはならないということ、つまり荘子の言ったような「道《みち》は屎溺《しにょう》に在り」的な方向へ直ちに転回するのではないということである。……同様に雲門においても、希求すべき対象として仏（または釈迦身）を絶対化してはならぬことを教えるために乾屎橛を反措定したのであって、それを反転して仏と同定せよと示唆しているのではない。……屎橛はまさに屎橛そのものであって、これが一転して金《こん》色《じき》の光を放つべき契機を孕むというのでは全然ない。臨済が言ったように、もし仏を極則《ごく》《そく》として据えたならば、仏はたちまち〈仏魔〉という魔《マーラ》に一変する。こうなれば、その魔がみずから一転して仏に化することはあり得ない。それがあり得るのは、おのれを軸

として仏を転位させ得た人の場合だけであろう。　（頁九九）

ここに至って論文は、いつしか客観的な語義の考証を離れ、入矢自身の信念の表白となって読む者を圧倒する。入矢はおそらく、自己の結論が定説として常識化することを欲していない。手堅い実証を積み重ねながら、最後になると結論を穏当な範囲に収めることを肯《がえ》んぜず、敢えて偏激で挑戦的な言葉で締めくくるのを常としているのが、その何よりの証拠である。入矢の文章において、結論はあくまでも已《おの》れ一箇の確信として表明されたものでしかなく――「一家言」とは本来そういう言葉のことであろう――我々は、入矢の考証を虚心に学ぶと同時に、そのいっぽうで、入矢の結論と憚るところなく対決することを、烈しく要求されてもいるのである。

問答の語を一足とびに超越的・絶待的な何ものかと解するのでなく、それをまず同時代の日常次元の言葉に還《かえ》し、そこから個々の活きた人間の肉声を読み取ってゆく。そして、複数の問答を相互に関連づけることで同時代の禅僧たちの問題意識を読み取り、ひとつひとつの問答をその文脈の上に位置づけながら有意味なものとして読み解いてゆく、それが入矢の読みであった。そうした入矢の解読によって、それまで意味不明だった多くの語句が語学的に解明されただけでなく、それを支える唐代の禅の精神や思惟までもがしだいに明らかにされていったのである。禅の語録が古人の思想を伝える古典文献として読まれ得るようになったのは、ひとえに入矢の開拓の功によるものと言って過言でない。

しかし、ここで新たな問題も浮上する。それなら、いわゆる伝統的な解釈——問答の言葉を、いかなる解釈もうけつけぬ絶待の一語とする解釈だが——それは誤りとして斥けられるほかないのであろうか。

誤解の無いようにことわっておきたいが、さきにその種の解釈の代表として掲げた二人の老師の『講話』は、決して悪しき例として引き合いに出したものではない。伝統的な禅匠としての立場に立ちつつ、なおかつ知的な誠実さ、あるいは出版物としての良心のようなものを保っている書物として、自分がながく愛読してきたものを引いたのである。ひどい例を槍玉にあげることが目的なら、もっと好都合なものがいくらでもある。

唐代の禅　宋代の禅　日本の禅

これまで「伝統的」という語をごく曖昧に用いてきたが、ここで「伝統」というのは、具体的には、日本の禅門の伝統のことを指している。今日の日本の禅宗はおおむね南宋の時代の禅が入宋僧や渡来僧によって伝えられたもので、一般に禅の「伝統」と考えられているものの直接の源は、中国の宋代の禅に求められる（北宋、九六〇—一一二七年／南宋、一一二七—一二七九年）。言い換えれば、今日、日本で漠然と禅の「伝統」と考えられているものは、日本において継承・発展させられてきた宋代禅の流れなのであり、近代において夏目漱石や西田幾多郎らが参じたのも、また鈴木大拙の努力によって欧米に伝えられたのも、その種の禅を祖型とするものに外ならない。禅に関する「近代」の言説は、禅門の「伝統」と対立的でなく、実は連続的だったのである。加藤周一『日本文学史序説』は、大拙の立場を次のように要約しているが、これは大拙のみならず、そうした日本の「伝統的」＝「近代的」な禅の言説の要約としても、きわめて的確なものと思われる。

……おそらく禅の核心は、それを理解した、または経験した誰にとっても、常に同じものであった。大拙はそれを、彼自身の言葉でいえば、「直覚」した一人の人物であったにすぎないだろう。

その「直覚」の内容を、彼は「東西古今の思想の絶巓」であると考えていたらしい。すなわち文化と歴史に超越するものである。したがって禅は、もし語り得るとすればいかなる言語でも語り得るはずのものであった。大拙の独創性は、その言葉の普遍性以外のものではない。すなわち禅の対象化である。

（ちくま学芸文庫、下、一九九九年、頁三〇九）

文化と歴史を超越し、言語の規定を受けることのない「禅の核心」、それを「直覚」するという趣旨は、さきに「伝統的」と称した考え方とよく通じあう。私はここで、それを誤りだと言うつもりは毛頭ない。だが、かかる考え方自体が、実はまさしく文化的・歴史的に形成されたものだったという点には、あらためて注意を求めたい。禅はまぎれもなく中国思想史の現実のなか、中国語で思惟し実践されたものだったのであり、右のような禅理解は、その歴史的変遷のすえ、宋代にいたって生み出されたものに外ならない。大拙に代表される近代の禅に関する言説は、江戸期の白隠禅の直系である日本の臨済禅を起点とし、そして白隠禅はさらにさかのぼって宋代の看話《かんな》禅に起源をもつ。右のような考え方は、まさにその宋代禅的思惟の流れから生み出されたものだったのである。

一口に中国の禅といっても、唐代の禅と宋代の禅との間には、意外なほどに大きな段差がある。だが、これまでそのことはあまり注意されず、唐代の禅者の言葉は、もっぱら宋代禅的な解釈・再編を通して――しかも、そうとは意識されぬままに――ながく伝承され参究されてきた。入矢の読みはそうした「伝統」と対決しつつ、唐代禅の活き活きとした「本来面《ほんらいめん》目《もく》」を書物の中から蘇らせるものであった。その衝撃と感動が、ともすると我々に、宋代の禅籍を軽視したり嫌悪したりする副作用をもたらしていたことも否めないが、しかし、唐代禅の実像の解明は、翻ってそれとの対比のもと、宋代禅自体の独自性を考える条件をもたらすこととなった。儒学の歴史において、漢代の経学と宋明の理学とが分けて考えられるごとく、近年、我々もまた、唐代の禅と宋代の禅をひとまず区別して読み分ける眼をもちつつある。

禅籍との対話――本書のめざすもの

字句に即し歴史に即して禅籍を読もうとする我々の営みは、悟境や哲学をもとに自在に禅籍を読みこなすという立場の人々からは、外在的な知識に執《とら》われた、いかにも不自由なものとうつるであろう。だが、実際はその逆である。文献学的手続きと無縁に書かれた昨今の多くの禅の書物が、いかに紋切り型で平板であるか。逆に入矢が我々に示した読みが、いかに精彩と活気に富んでいるか。たしかに厳密な学問的読解は、まず、手もちの思考の適用を禁じ、我々に徹頭徹尾、書物自身の思考と情緒に従って考えることを強制する。その点で、この過程は確かに窮屈なものと言えるだろう。しかし、その強制ゆえに我々は、無意識の先入観や固定観念——禅語でいう「無縄自縛《むじょうじばく》」——を捨てさせられ、書物との虚心な対話に導かれる。我々は思考の惰性から引き離され、自分では考え至らなかった多くの問題を、自分の中からは出て来えない様々な思惟方式で考えさせられる。そして最後の最後に、答えだけは、自分自身で出すよう要求されるのである。この過程は、決して退屈でも苦痛でもない。その時、我々は、「無縄自縛」に気づかずに自信をもっていた時よりも、はるかに真の自由と主体性に近づいているからである。

そうした対話に堪える書物は、新しくとも古典とよばれてよい。逆にそれが無い書物は、いくら古くとも単なる資料にすぎぬであろう。だが、その書物が古典たりうるか否かは、書物自身よりも、むしろ我々の読み方にかかっている。こちらから聴き取らぬかぎり、書物のほうからは何も語ってくれない。そして書物の声を聴き取らねば、こちらから書物に問いかけることもかなわない。悟りの体験や現代の哲学をもとに禅籍を読むという読み方は、手で両耳を塞ぎながら、大声で自分の主張を連呼する姿に似てはいまいか。

禅の語録もまた、古典たりうる内実を具え、我々との対話を待っている書物のひとつである。我々は、まず、禅籍の語るところを、その語る言葉のままに聴き取る努力から始めたい。具体的には、まず第Ⅰ部で、「柏樹子」の問答を題材としつつ、禅問答の略史をたどってみたい。そこから、唐代の有意味な問答が、宋代禅の再解釈によって言語と論理を超えた理解不能のものとされるようになり、それが二〇世紀の禅言説にうけつがれていった過程がうかがわれよう。ついで第Ⅱ部では、『臨済録』を主たる題材として、唐代の禅の言葉を選読する。唐代禅の世界は豊饒で多彩であり、そのすべてを尽くすことは望むべくもないが、ここではその最も基本的な思惟と表現の紹介に努めたい。そして最後に、エピローグで鈴木大拙のことにふれて本書を終える。

第Ⅰ部も第Ⅱ部も、現代的な用語と論理で禅の哲学を再構成するのではなく、原典と直に対面していただくことを趣旨とする。そのため、漢文とやや意訳的な書き下し文、ついで翻訳と解説の順序で選読を進めてゆくが、漢文や訓読文に抵抗のある方は、とりあえず訳と解説の部分を読み、あとから興味のあるところだけ原文や訓読を見返していただくのでもかまわない。禅籍との対話をご自身で試みていただくべく、傍らで通訳の役を務めること、それが本書の目指すところに外ならない。

第Ⅰ部　「柏樹子」の思想史——書物の旅路

第一章　唐代の禅

「柏樹子」

プロローグで代表的な公案として取り上げたもののなかに、趙州《じょうしゅう》「柏樹子《はくじゅし》」の話《わ》があった。こんどはこの問答を主題として、禅問答の歴史をたどってみたい。禅問答はしばしば、言語と歴史を超越したものだと説明されるが、実は禅問答にもそれぞれの時代の読まれ方があった。「読み」の歴史の積み重ねによって原典の生命が更新されていったという点では、禅の問答も、他の古典とかわらない。ここでは「柏樹子」の話の読まれ方の変遷をたどることで、唐代禅から宋代禅への転換の様相を垣間みてみたい。

さきにも引いたように、この話は一般には、南宋の『無門関《むもんかん》』第三七則の次のような形で知られている。

趙州因僧問、「如何是祖師西来意？」州云、「庭前柏樹子」。

趙州、因《ちな》みに僧問う、「如何《いか》なるか是れ祖師西来意《そしせいらいい》？」州云く、「庭前《ていぜん》の柏樹子《はくじゅし》」。

いかにも取りつくしまのない、簡潔で唐突な一問一答である。だが、これも本来は、もう少し長いものだった。この問答を記録する最も古い書物は、五代の禅宗史書『祖堂集《そどうしゅう》』（九五二年成立）であるが、その巻一八・趙州章に次のように記されている。

問、「如何是祖師西来意？」師云、「亭前柏樹子」。僧云、「和尚莫将境示人」。師云、「我不将境示人」。僧云、「如何是祖師西来意？」師云、「亭前柏樹子」。（頁六六一）

問う、「如何《いか》なるか是れ祖師西来意？」師〔趙州〕云く、「亭前〔庭前〕の柏樹子」。僧云く、「和尚〝境〟を将《も》って人に示す莫《なか》れ」。師云く、「我れ〝境〟を将《も》って人に示さず」。僧云く、「如何なるか是れ祖師西来意？」師云く、「亭前〔庭前〕の柏樹子」。

僧が問う、「祖師西来意とは如何なるものにございましょう」。「祖師西来意」は禅宗の初祖菩提達摩《ぼだいだるま》が西からやって来た意味（ダルマは唐代には「達摩」、宋代以後は「達磨」と書かれることが多い）。達摩がインドから中国に「以心伝心」の法を伝えて禅宗ができたと考えられていたので、その意味ないし意図を問うということは、つまり禅の核心を問うというのと同義となる。その問いに対して趙州は、「亭前〔庭前〕の柏樹子——庭さきのヒノキ」と答えた。

「柏」は邦語で落葉樹カシワを指すのと異なり、漢語では常緑の喬木ヒノキ、コノテガシワの類をいう。『論語』子罕《しかん》篇に「子曰《し》く、歳《とし》寒くして、然る後に松柏の彫《しぼ》むに後《おく》るることを知る」という、あの「柏」のことである。「〜子」は椅子《いす》や払子《ほっす》などの場合と同様、名詞につく接尾辞で実義は無い。「亭前」は「庭前」の通仮字《あて》で、のちの文献はこれをすべて「庭前」と記す。

「庭さきの柏樹」、この答えを聞いた僧は自分の問いがまともに受け止められていないと思い、不服そうに反駁する。「和尚、〝境〟で示すのはおやめください」。「境」とは外境・対境、すなわち認識の客体となる、虚妄な外在の事物のこと。それがしがせっかく「祖師西来意」をお尋ねしているのに、そのような外物のことなどお答えいただいては困ります。するとと趙州、「いや、わしは〝境〟でなど示しておらぬ」。僧は気を取り直し、あらためて問う、「しからば、祖師西来意とは如何なるものにございましょう」。

趙州いわく、「庭さきの柏樹」。

以上が唐・五代の時代における、この話の原型である。僧がわざわざ問い直しているのに、趙州の答えはやはり「庭前の柏樹子」。――見たところ、これもまたこんにゃく問答のようではある。しかし、はたして、そうかどうか。

そこで入矢の方法にならって、類例をつき合わせながら、この問答の原義を考えてみることにしよう。

「自らの心　是れ仏」――祖師西来意とは

まず僧の問う「祖師西来意」とはどういうことか。禅問答の発問で最も多いのが、この「如何なるか是れ祖師西来意」と「如何なるか是れ仏」の二種である。「祖師西来意」は単に「祖師意」「西来意」ともいうが、これが禅の核心を問うという意味であることはさきほど述べた。この問いは無数の修行僧によって発せられ、そしてそれに応じて老師の答えも無数だが、しかし、実はそこに、一つの共通の答えがひそんでいる。

唐代禅の事実上の開祖ともいうべき馬祖道一《ばそどういつ》（七〇九―七八八）の説法は、次の一文から始まっている。趙州は南泉普願《なんせんふがん》の弟子であり、南泉はこの馬祖の弟子である。

毎謂衆曰、「汝今各信自心是仏、此心即是仏心。是故達摩大師従南天竺国来、伝上乗一心之法、令汝開悟。……」（『祖堂集』巻一四・馬祖章、頁五一四／入矢編『馬祖の語録』禅文化研究所、一九八四年、頁一七、参照）

毎《つね》に衆《しゅ》に謂《い》いて曰く、「汝《なんじ》ら今《いま》各おの、自らの心是れ仏、此の心即ち是れ仏心なりと信ぜよ。是《こ》の故《ゆえ》に達摩《だるま》大師は南天竺国《なんてんじくこく》より来《きた》り、上乗一心《じょうじょういっしん》の法を伝え、汝らをして開悟《かいご》せしめんとせり。……」

馬祖は言う――汝らおのおの、今この場で確信せよ、自らの心こそが仏であり、己《おの》が心はまさに仏の心に外ならぬと。それゆえに、達摩大師は、南天竺国よりはるばるやって来て上乗一心の法を伝え、汝らにそのことを悟らせようとされたのだ。

馬祖の孫弟子にあたる黄檗希運《おうばくきうん》の説法にも「汝ら但《た》だ凡情《ぼんじょう》聖境《しょうきょう》をさえ除却《のぞきさ》らば、心の外に更に別の仏無し。祖師西来して、一切人の全体是れ仏なることを直指《じきし》す」、「祖師は西来して、唯だ心仏を伝え、汝等の心の本来是れ仏なるを直指せり」などの説示がある（入矢『伝心法要・宛陵録』禅の語録八、筑摩書房、一九六九年、頁六七・頁一一七）。要するに達摩の西来の目的は、己《おの》れの心がすなわち仏であるという一事、それをずばりと直指することに在ったというわけである（この点は衣川賢次「古典の世界――禅の語録を読む（1）―（3）」『中国語』内山書店、一九九二年一一月号―九三年一月号、によって初めて明らかにされた。ここで述べる「柏樹子」の話の解釈もこの論文に多くを負うている）。

「即今《そっこん》は是れ甚麽《なん》の意ぞ」――今ここにある汝とは

馬祖はこの一事をしばしば「即心是仏《そくしんぜぶつ》」の一語で表しているが、「祖師西来意とは何か」や「仏とは何か」という数多くの問答は、つまるところ、この「即心是仏」という事実を、「今」この場で修行僧自身に確信させるためになされたものと言って過言でない（「即～」「祇～」「是～」などは、ほかならぬ～こそが、と主題を限定的に強く提示する文型。入矢「禅語つれづれ」『求道と悦楽――中国の禅と詩』岩波書店、一九八三年、参照）。

たとえば、馬祖に次のような問答がある。

問、「如何是西来意?」
祖曰、「即今是甚麼意?」　（『馬祖の語録』頁九三）

問う、「如何《いか》なるか是れ西来意?」
祖（馬祖）曰く、「即今《そっこん》は是れ甚麼《なん》の意ぞ?」

疑問文に対して疑問文で応じている。馬祖は問いをはぐらかし、問答にさえなっていないのか。いや、そうではない。「西来意」とは、達摩がはるばるやって来たはるか昔の故事ではない。「即今」ただ今の己れの意、それを問うことこそが真に「西来意」を問うことなのだ。

しかし、言葉でそう説明したのでは、それは僧にとって、永遠に既成の正解でしかあり得なくなる。それは外在的な理念として知られるのではなく、我が身の上の活きた事実として、実感され体認されなければ意味がない。馬祖はそれを教えるのでなく、僧自身に自ら気づかせようと、敢えてこう問い返しているのである。

そこで馬祖には、次のような問答もある。

問、「如何是西来意?」

祖便打曰、「我若不打汝、諸方笑我也」。（『馬祖の語録』頁九六）

問う、「如何《いか》なるか是れ西来意？」

祖（馬祖）便ち打ちて曰く、「我れ若《も》し汝を打たざれば、諸方我《われ》を笑わん」。

僧が「西来意」を問うや、馬祖はすかさず打ちすえる。そしておもむろに言った、「ここでお前を打っておかねば、わしが諸方の老師たちの笑い物となろう」。

僧はただ「西来意」を問うただけで、なぜ、いきなり打たれねばならなかったのか。むろん、僧の態度に赦し難い無礼があったというのではない。「西来意」とは人さまでなく、即今の自己にこそ問うべきもの。それを今この場でその身に徹して思い知らせておかなければ、お前は臆面もなく、方々で同じ質問をして回ろう。さすれば、このわしのほうこそ、諸方の老師連中のもの笑いのたねではないか――馬祖はそううそぶきながら、問題を僧本人の身に突き返してやっているのである。

禅語録には、よく有無を言わせず殴ったり棒で打ったりする場面がある。それを禅の奔放《ほんぽう》不羈《ふき》の表現として好む人も少なくない。だが、老師の与える痛打には、現にそれを問うている汝自身に立ち返れ、そういう老婆《ろうば》心切《しんせつ》の指教が実は含まれていることがしばしばなのである。

こうした趣旨の問答は、ほかにも枚挙にいとまない。たとえば、後代の雲居《うんご》道膺《どうよう》に次のような問答がある。

問曰、「達摩未来時在什摩処?」　師答曰、「只在這裏」。進曰、「為什摩不見?」　師曰、「過西天去」。　（『祖堂集』巻八・雲居道膺章、頁三〇〇）

問うて曰く、「達摩未《いま》だ来《きた》らざる時、什摩処《いずく》にか在り?」　師（雲居道膺）答えて曰く、「只《まさ》に這裏《ここ》に在り」。進《かさ》ねて曰く、「為什摩《なにゆえ》にか見えざる?」　師曰く、「西天に過ぎ去れり」。

僧が問う、「西来する前、達摩はどこにいたのでしょう」。達摩がインドから来たことは常識で、いかに新米の僧でも、文字どおりの意味で問うているはずはない。これは祖師の西来以前、「西来意」はどこに在ったのかという意を内に含んだ問いと看るべきである。それゆえ雲居はいう、「まさにここにいる」。意はさきの馬祖のことば「即今《そっこん》は是れ甚麼《なん》の意ぞ?」と同じである。「西来意」はほかでもない、今、現にこの場にこそ在るものだ。

そこで僧はさらに問う、「ここにいるなら、なぜ見えないのでしょう」。僧は「西来意」を、なおも他人事のようにしか思っていない。雲居はおそらく嘆息しながら言ったのであろう、「やれやれ、もう、インドに帰って行ってしもうたわい」。せっかくの己《おの》が身の上の「西来意」、それも汝自身が気づかぬために、この場を素通りしてはるか彼方に失われてしもうたわい。

柏樹子を見ている者

では、趙州の「柏樹子」の問答はどうなのか。「庭前の柏樹子」という一語が、なぜ「西来意」への答えとなりうるのか。その手がかりを与えてくれるのが、彼の語録である『趙州録』巻上の次の問答である。

問、「如何是学人自己？」　師云、「還見庭前柏樹子麼？」

（秋月龍珉『趙州録』禅の語録一一、筑摩書房、一九七二年、頁六一）

問う、「如何なるか是れ学人の自己？」　師〔趙州〕云く、「還《は》た庭前の柏樹子を見る麼《や》？」

「学人《がくにん》」は道を学ぶ者の意で、修行者・求道者のこと。問答ではそれがしばしば修行僧の一人称に用いられる。「学人《それがし》の自己とは如何なるものにございましょう」。僧は初学者であったのか、「西来意」と同じ問題を、ごく素朴かつ率直な言い方で問うている。趙州の答えも、それに応じて懇切であった。

――庭前の柏樹子が見えるか？

ここもまた疑問文に対して疑問文で応じている（「還～麼」は是非疑問の句型）。こうした応対がはぐらかしでなく、質問者自身に問いをつき返し、その答えが実は自らの身の上にあることに気づかせようとする、師の方便（みちびきの手だて）であることはすでに見た。「ほれ、庭前の柏樹子が見えるか」。今、現に柏樹子が見えている、それを見ているのは何者なのだ。それを見ている己《おの》れを置いて、どこぞに問うべき格別の「自己」があると思うてか……。

言わんとするところは、明白であろう。

この種のやりとりは、この一回の偶然でなく、ほかにもいくつか類例がある。二〇世紀初頭に発見されたいわゆる敦煌《とんこう》文献のなかには、それまで知られなかった、馬祖禅にいたる前の初期の禅宗文献が多数含まれていたが、そのなかのひとつ『歴代法宝記《れきだいほうぼうき》』（七七四年以後の成立）にも次のようなやりとりが見える。

相公《しょうこう》〔杜《と》鴻漸《こうぜん》〕聞説《きき》て、和上《おしょう》〔保《ほ》唐寺《とうじ》無住《むじゅう》〕に白《もう》す、「庭前の樹を見る否《や》？」和上答う、「見ゆ」。相公又《かさ》ねて問う、「墻《へい》の外に樹有り、見ゆる否《や》？」和上答う、「見ゆ。前後に非論《かかわら》ず、十方《じっぽう》世界、悉《ことごと》く見え悉《ことごと》く聞こゆ」。……（柳田聖山『初期の禅史Ⅱ――歴代法宝記』禅の語録三、筑摩書房、一九七六年、頁二〇〇）

問答はつづくが、今は省く。これはおそらく最も古い例だが、ここではまだ、感覚と存在に関する形而上学的な討論が主眼になっている。くだって北宋初の『景徳伝灯録《けいとくでんとうろく》』（一〇〇四年）には、次のような類例が見出される。

問う、「如何なるか是れ祖師西来意？」
師曰く、「還《は》た庭前の華薬欄《かやくらん》〔芍薬の花の植え込み〕を見る麼《や》？」
（巻一一・潞州淥水和尚、頁一九二上）

問う、「如何なるか是れ西来意？」
師曰く、「還《は》た庭前の杉樧《さんさつ》樹を見る否《や》？」
（巻一七・白水本仁和尚、頁三三九上）

右二例は、あるいは、すでに趙州の問答を踏まえたものかも知れない。いずれにしても、意は趙州の「還《は》た庭前の柏樹子を見る麼《や》？」と同じであろう。これらの問いと答えから「西来意」＝「学人の自己」＝「庭前の〜を見る汝自身」という等式を読み取ることは困難ではあるまい。さらに趙州より一つ上の世代の百丈懐海《ひゃくじょうえかい》（馬祖の弟子、黄檗の師）には、次のような問答もある。

問、「如何是仏？」師云、「汝是阿誰？」僧云、「某甲」。師云、「汝識某甲否？」僧云、「分明箇」。師乃挙起払子云、「汝還見麼？」僧云、「見」。師乃不語。

（『景徳伝灯録』巻六・百丈章、頁九八下）

問う、「如何《いか》なるか是れ仏？」 師〔百丈〕云く、「汝は是れ阿誰《たれ》ぞ？」 僧云く、「某甲《なにがし》なり」。師云く、「汝、その某甲《なにがし》を識《し》る否《や》？」 僧云く、「分明箇《ふんみょうに》」。師乃《すなわ》ち払子《ほっす》を挙起《とりあげ》て云く、「汝還《は》た見る麼《や》？」 僧云く、「見る」。師乃ち不語。

「仏とは如何なるものにございましょう」。百丈、「そういうお前は、誰だ」。ここも疑問文に疑問文で応じている。その意図は、もはや言うまでもない。今それを問うている汝、それはいったい誰なのだ。それを置いて、他人に問うべき「仏」がどこにある。

だが、その意図はこの僧に通じていない。僧は無邪気に、そしておそらくはハキハキと答えた、「はい、ナニナニでございます」。

「某甲」には「なにがし」という不定の用法と「それがし」という一人称の用法がある。ここは前者で、僧は実際には自分の名を答えたのだが、記録上「ナンのナニガシ」と表記されているのである。

百丈は根気よく問い直す、「では、そのナンのナニガシという人間を見知っておるか」。「はい、分明箇《ハッキリと》」。

「識」は知識として知るのでなく、じかに見知っている、顔見知りである、ということ。「～箇」は副詞接尾（「真箇」なら「マコトに」）。ここでも百丈の老婆心切は空振りに終わった。今お前の答えた「ナンのナニガシ」という人間、それを自らしかと見てみぬか。だが、僧には字面どおりにしか届かなかった。「ええ、自分のことですから、むろん、よく存じておりまする」。

百丈はやむなく、最も直截的な例の手段に訴える。手にもっていた払子をもちあげて、僧にこう問うのである。「ほれ、見えるか」。今、現にこれを見ている汝その人、それこそがお前の問うている当のものではなかったのか。

だが、これも僧には通じなかった。

「はい、見えます」。

悪い人間ではなさそうだが、あまりに素直なこの僧に、さすがの百丈も黙り込むよりほかなかった……。

これは、失敗に終わった例ではあるが、それだけにかえって、同一の趣旨が手をかえ品をかえして示されており、我々には頗《すこぶ》る参考になる。払子を手にとって「見えるか」と問うことが、「仏とは何か」＝「お前は誰か」＝「そのお前自身を自ら見知っておるか」という一連の問いの言い換えであることは、明らかであろう。趙州が「学人の自己」を問われて「庭前の柏樹子が見えるか」と問い返していたのにも、これと同じ含みがあったのである。

太鼓の音が聞こえるか？

当の自身に自ら気づかせることが目的であるから、こうした「見えるか」はむろん「聞こえるか」であってもかまわない。唐末の玄沙師備《げんしゃしび》（嗣雪峯）は師弟《すてい》（おとうと弟子）の長慶《ちょうけい》慧稜《えりょう》に「直下《じきげ》に是れ你《なんじ》――お前はずばりお前自身だ」という意を悟らせようとひじょうに長い問答を行っているが、そのなかに次のような一段が見出される。

師云、「你聞鼓声也無？」稜云、「某不可不識鼓声」。師云、「若聞鼓声、只是你」。
（入矢監修『玄沙広録』上、禅文化研究所、一九八七年、頁一一七）

師（玄沙）云く、「你《なんじ》、鼓声《こしょう》を聞くや無《や》？」稜（長慶慧稜）云く、「某《それがし》鼓声を識《し》らざる可《べ》からず」。師云く、「鼓声を聞くが若《ごと》きは、只《まさ》に是れ你《なんじ》のみ」。

玄沙が問う、「太鼓の音が聞こえるか」。「太鼓の音がわからぬはずはありませぬ」。「太鼓の音を聞いている者、それこそが汝に外ならぬ」。

玄沙には、また次の問答もある。

道怤上座夜静入室、称名礼拜、「某特与麼来、乞和尚慈悲指箇入路」。師云、「你還聞偃渓水声麼？」進云、「聞」。師云、「従者裏入」。 （同、頁一〇二）

道怤《どうふ》上座、夜《よ》静まりて入室《にっしつ》し、名を称《なの》りて礼拝《らいはい》すらく、「某《それがし》特に与麼《かく》来れり、乞《こ》う和尚、慈悲もて箇の入路を指《しめ》されんことを」。師云く、「你《なんじ》、還《は》た偃渓《えんけい》の水声を聞く麼《や》？」進みて云く、「聞く」。師云く、「者裏《そこ》より入れ」。

道怤は鏡清《きょうしょう》道怤、やはり玄沙の師弟にあたる。それが夜更けにひそかに入室し、暗闇の中、自らの名を名のって礼拝した。「それがし、こうしてわざわざ罷《まか》りこしました。なにとぞお慈悲を以って、道への入処をお示しください」。そこで玄沙はひとこと、「偃渓の川の水音が聞こえるか」。「はい、聞こえます」。「うむ、そこから入るがよい」。

いずれも、太鼓の音、川の水音、現にそれを聞いている活き身の汝自身に気づかぬか、というわけである。

「本分事《ほんぶんじ》」――本来の自己

では、以上の諸例を念頭におきつつ、『趙州録』によって、いまいちど「柏樹子」の話をふりかえってみよう。『趙州録』ではさきの『祖堂集』よりも増広が施されており、この問答の主題が「本分事」、すなわち本来の自己にあったことが明示される。

師上堂謂衆曰、「此事的的、没量大人、出這裏不得。老僧到潙山、僧問、如何是祖師西来意？　潙山云、与我将牀子来。若是宗師、須以本分事接人始得」。時有僧問、「如何是祖師西来意？」師云、「庭前柏樹子」。学云、「和尚、莫将境示人」。師云、「我不将境示人」。云、「如何是祖師西来意？」　師云、「庭前柏樹子」。

（筑摩書房、禅の語録一一、頁三五）

師〔趙州〕上堂《じょうどう》して衆《しゅ》に謂いて曰く、「此の事的的《てきてき》たり、没量《もつりょう》の大人《たいじん》も、這裏《ここ》を出《い》で得《え》ず。老僧《われ》、潙山《いさん》に到りしに、僧問う、如何《いか》なるか是れ祖師西来意？　潙山云く、我《よ》が与《ため》に牀子《じょうす》を将《も》ち来れ。若是《もし》宗師ならば、須《すべか》らく〝本分事《ほんぶんじ》〟を以て人を接《みちび》きて始めて得し」。

時に僧有りて問う、「如何《いか》なるか是れ祖師西来意？」　師云く、「庭前の柏樹子」。学云く、「和尚〝境〟を将《も》って人に示す莫《なか》れ」。師云く、「我れ〝境〟を将って人に示さず」。云く、「如何なるか是れ祖師西来意？」　師云く、「庭前の柏樹子」。

趙州が上堂して大衆《だいしゅ》に説く。「此の事は明々白々である。いかなる枠づけをも超えた大人とて、ここのところは出ることができぬ。わしが昔、潙山禅師のところへ行ったとき、ある僧が、祖師西来意とは如何なるものぞと質問した。潙山は答える。腰かけを持ってきてくれ。もし正統の師家《しけ》ならば、必ずや本分事によって人を導くのでなければならぬ」。

それを聞いてひとりの僧が問う。「祖師西来意とは如何なるものにございましょう」。「庭前の柏樹子」。「和尚〝境〟で示すのはおやめ下さい」。「わしは〝境〟でなど示しておらぬ」。「しからば、祖師西来意とは如何なるものにございますか」。「庭前の柏樹子」。

ここでは「柏樹子」の問答の前に、趙州の上堂（法堂《はっとう》での説法）が付加されている。そこで趙州は、「西来意」に対する潙山の応対を引いたあと、「若是《もし》宗師ならば、須《すべか》らく〝本分《ほんぶん》事《じ》〟を以て人を接《みちび》きて始めて得《よ》し」と言っている。これは、つまり、潙山の答えでは「本分事」による接化《せっけ》（みちびき）になっていない、という間接的な批判である。この一段が前置されることによって、「柏樹子」の主題が「本分事」にあることが明示されている。

「本分事」は「自己本分事」ともいう。自己本来のもちまえということで、他人とは授受も貸借もできぬ、いわば紛れもなき自己そのものの謂いである。玄沙は「如何なるか是れ学人《それがし》の本分事」と問われて、ずばり「是れ汝が本分事」と答えている（『玄沙広録』下、頁六六）。

それを聞いて、一人の僧が進み出て「祖師西来意」を問う。しからば、このそれがしを、ぜひその「本分事」によって接化して頂きたい。

「祖師西来意」に対する答え、それは「本分事」、すなわち「即心是仏」という事実の活きた直指でなければならない。そこで趙州はその問いに、「庭前の柏樹子」と答えた。これがまさに「本分事」の直指であることは、再三述べてきたとおりである。しかし、僧は、それをただの字句としてしか聞かなかった。「そんな外物のことなど問うておりませぬ」。師の意図をとらえ損ね、「柏樹子」をただの外物に貶《おと》してしまっているのは誰か。そこで趙州はやんわりと戒める、「いや、外物のことなど示しておらぬ」。わしが指し示したのは、「柏樹子」というモノではなく、それを見る汝その人であったのだが……。

されば、と、僧はあらためて問い直す、「祖師西来意とは、いったい如何なるものにございましょう」。趙州は静かにぽつりと言った、だから言うておるではないか、ほれ「庭前の柏樹子」と。

第二章　宋代の禅——圜悟と大慧

公案禅の時代

第一章では、唐代禅の同時代的文脈にしたがって「柏樹子」の話の解読を試みた。一見、問いと無関係と見える師の応対も、実は「即心是仏」という事実を質問者自身に自ら気づかせんとする配慮であり、そこを押さえて読めば、一見こんにゃく問答のようなやりとりも、実は思想的な内容をもつ有意味なやりとりとして理解することができた。

だが、宋代になると、問答の扱いはこれとは甚だ異なったものとなる。宋代の禅はひとことで言えば「公案禅《こうあんぜん》」の時代である。唐代の禅問答が、いわば修行生活の現場に生起する一回性のナマの問答であったのに対し、宋代の禅門では、先人の問答が共有の古典、すなわち「公案」として選択・編集され、それを題材として参究することが修行の重要な項目とされるようになるのである（その兆しはすでに『祖堂集』に現れている）。

その参究のしかたは様々であるが、おおむね、次の二つの形態に大別できる。第一はいわゆる「文字禅」の風で、「代別語《だいべつご》」「頌古《じゅこ》」「拈古《ねんこ》」「評唱《ひょうしょう》」等を施す、つまり、寸評をつけたり、その趣旨を詩に詠んだり、散文で論評を加えたりすることによって、公案の批評や再解釈を行うものである。第二は「看話禅《かんなぜん》」の技法で、特定の「公案」に全意識を集中することによって意識を臨界点まで追い詰め、そこで意識の爆発をおこし、言語・論理を超えた劇的な「大悟」の体験を得させようとするものである。

これまで「公案禅」という呼称が広狭さまざまな意味で用いられ、特に「公案禅」と「看話禅」の両語が不用意に混用されてきたために、議論に多くの混乱がもたらされてきた。私個人としては、「公案」を扱う禅をひろく「公案禅」の名で総称し、その下位区分として「文字禅」と「看話禅」を立てるのが最も適切ではないかと考えている。時代区分に即して言えば、宋代禅は「公案禅」の時代で、うち北宋期は「文字禅」が主流を占め、やがて北宋末から南宋初、大慧宗杲《だいえそうこう》によってそこに「看話禅」が加えられるという流れになる。ただし、「看話禅」はたいへんな勢いで禅門を席巻するものの、それが「文字禅」に取って代わったわけではない。むしろ「看話禅」で悟り、「文字禅」で表現する、そうした両者の並用が南宋以降の大勢となっていったようである。そもそも大慧その人からして、最も多くの文字作品をのこした禅者のひとりであった。

柏樹子と雨だれの音——葉県帰省

では宋代において、「柏樹子」の話はどのように扱われていたのであろうか。むろん、宋代になったからといって、すべてがただちに一変するわけではない。北宋期にもたとえば次の葉県帰省《せっけんきせい》の問答のように、なお唐代禅ふうの問題意識にたって、この話を参究した記録が無いではない。

因僧入室請益趙州和尚柏樹子話、師云、「我不辞与汝説、還信麼？」僧云、「和尚重言、争敢不信」。師云、「汝還聞簷頭水滴声麼？」其僧豁然、不覚失声云、「㖿！」師云、「你見箇什麼道理？」僧便以頌対云、「簷頭水滴　分明瀝瀝　打破乾坤　当下心息」。師為忻然。

（『汝州葉県広教省禅師語録』／『古尊宿語録』巻二三、中華書局点校本、頁四四二）

因《ちな》みに僧入室《にっしつ》して趙州和尚柏樹子《はくじゅし》の話《わ》を請益《しんえき》す、師〔帰省〕云く、「我れ汝が与《ため》に説くを辞せざれども、還《は》た信ずる麼《や》？」僧云く、「和尚の重言、争《いかで》か敢《あえ》て信ぜざらん」。師云く、「汝還《は》た簷頭《のきさき》の水滴《しずく》の声を聞く麼《や》？」其の僧豁然《かつねん》とし、覚《おぼ》えず失声《しっしょう》して云く、「㖿《ヤ》！」師云く、「你《なんじ》、箇の什《なん》麼の道理をか見し？」僧、便《すなわ》ち頌《じゅ》を以って対《こた》えて云く、「簷頭《のきさき》の水滴《しずく》　分明《ふんみょう》に瀝瀝《れきれき》　乾坤《けんこん》を打破して　当下《とうげ》に心息《や》む」。師、為に忻然《きんぜん》たり。

ある時、僧が入室し、趙州「柏樹子」の話について教えを乞うた。師、「説いてやるのはかまわぬが、それを信ずるか」。「和尚の尊きお言葉、なぜ信ぜぬはずがございましょう」。そこで師はいう、

「軒さきの雨だれの音が聞こえるか」。

僧は言下に豁然大悟し、思わず言葉にならぬうめきを発した。

師「おぬし、如何なる道理を見て取った」。
そこで僧は詩をもって答える――

軒さきの雨だれ
鮮やかに　ぽたりぽたり
その音《ね》　天地《あめつち》を打ち破り
ただちに　心しずまりぬ

師はこれを聞き、僧のために喜んだ。

今、はっきりと雨だれの音を聞いている自己。それにさえ気づけば、「柏樹子」の意も自ずと首肯されるであろう。「当下《とうげ》に心息《や》む」とは、自己の外に「仏」や「道」を追い求める心、それが今この場でただちに終息したということである。

古人直截《じきせつ》の処――圜悟克勤

だが、こうした例は多くない。宋代の最も代表的な禅者のひとり圜悟克勤《えんごこくごん》による「柏樹子」の扱いは、次のようなものであった。『碧巌録《へきがんろく》』第四五則・評唱の一部である。

一日僧問趙州、「如何是祖師西来意？」 州云、「庭前柏樹子」。僧云、「和尚莫将境示人」。州云、「老僧不曾将境示人」。看他恁麼向極則転不得処転得、自然蓋天蓋地。若転

> 不得、触途成滞。且道他有仏法商量也無？　若道他有仏法、他又何曾説心説性、説玄説妙。若道他無仏法旨趣、他又不曾辜負你問頭。（入矢義高・溝口雄三・末木文美士・伊藤文生『碧巌録』中、岩波文庫、一九九四年、頁一四三）
>
> 一日、僧、趙州に問う、「如何《いか》なるか是れ祖師西来意？」　州云く、「庭前の柏樹子」。僧云く、「和尚、境を将《も》って人に示す莫《なか》れ」。州云く、「老僧《われ》、曾《かつ》て境を将《も》って人に示さず」と。
>
> 看よ、他《かれ》〔趙州〕の恁麼《かくのごとく》に極則《ごくそく》転じ得ざる処に向《お》いて転じ得て、自然《おのずか》らに天を蓋《おお》い地を蓋《おお》えるを。若《も》し転じ得ざれば、触途《いたるところ》に滞《さわり》を成さん。且《まず》は道《い》え、他《かれ》〔趙州〕に「仏法《ぶっぽう》商量《しょうりょう》」有り也無《や》？　若《も》し他《かれ》に「仏法」有りと道《い》わば、他《かれ》又た何ぞ曾《かっ》て心《しん》を説き性《しょう》を説き、玄《げん》を説き妙《みょう》を説ける。若《も》し他《かれ》に「仏法旨趣《ぶっぽうししゅ》」無しと道《い》わば、他《かれ》又た曾《かっ》て你《なんじ》の問頭《とい》に辜負《そむ》かず。

ある日、僧が趙州に問うた、「祖師西来意とは如何なるものにございましょう」。趙州、「庭前の柏樹子」。僧、「和尚、外物で示すのはおやめ下さい」。「いや、老僧《わし》は外物でなど示しておらぬ」。

さあ、とくと看よ、趙州がこのように、転換不可能の究極の一点でみごとに転換をなしとげ、おのずからに天をも地をも覆いさっているこのさまを。もし、ここで転換し得なかったら、いたるところ障碍《しょうげ》を生じてしまうであろう。

では言うてみよ、趙州の語に「仏法商量」があるか否か。有ると言おうにも、彼は「心・性」「玄・妙」を云々してはおらぬ。さりとて逆に、趙州の語に「仏法旨趣」が無いと言おうとすれば、彼は現に僧の問いを無にすることなく、ちゃんとそれに応じ得ている。僧の問いにちゃんと応じ得ている以上、「仏法旨趣」が無かったとは言えぬではないか。

ここに見える「仏法商量」は、「心・性」「玄・妙」などの概念を用いて分節的・論理的に仏法を説くこと（「商量」は、相談する、協議する、という意の口語）、「仏法旨趣」はそうしたものによらずに、仏法の核心そのものをまるごと端的に直指することである。ここで圜悟は「庭前の柏樹子」の語を、語ってもならず、黙してもならず、という限界の一点において、趙州がみごとに身を翻し、「仏法商量」に陥ることなく「仏法旨趣」を示し得た一句だと評しているのである。

『圜悟《えんご》心要《しんよう》』巻上・示曾待制ではこのことが、さらに次のように書かれている。

僧問趙州、「如何是祖師西来意？」州云、「庭前柏樹子」。天下参問、以為模範、作異解者極多。唯直透不依倚、不作知見、便能痛領。纔有毫髪見刺、則黒漫漫地。豈不見法眼挙問覚鉄觜、「趙州有箇庭前柏樹子話、是不？」覚云、「和尚莫謗先師。先師無此語！」但恁麼体究、便是古人直截処也。（新文豊出版公司影印本、八二丁左）

僧、趙州に問う、「如何なるか是れ祖師西来意？」　州云く、「庭前の柏樹子」と。天下の参問、以って模範と為し、異解《いげ》を作《な》す者《もの》極めて多し。唯だ直透《じきとう》して依倚《いい》せず、知見《ちけん》を作《な》さざるもののみ、便《すなわ》ち能く痛領せん。纔《わず》かに毫髪《ごうはつ》ほどの見刺《けんし》有れば、則《すなわ》ち黒漫漫地《こくまんまんち》ならん。豈《あ》に見ずや、法眼《ほうげん》、挙《こ》して覚鉄觜《かくてつし》に問う、「趙州に箇の庭前柏樹子なる話有り、是《しか》る不《や》？」　覚云く、「和尚、先師《せんし》を謗《そし》る莫《なか》れ。先師に此の語無し！」　但《た》だ恁麼《かくのごと》く体究《たいきゅう》せば、便ち是れ古人直截《じきせつ》の処なり。

「僧、趙州ニ問フ、如何ナルカ是レ祖師西来意？　趙州云ク、庭前ノ柏樹子」と。天下の修行僧たちはこの問答を一つの型と思い為し、誤解をなす者がきわめて多い。これを直截に突破して、何者にも依拠せず、いかなる知的理解も加えぬ者、その者のみがこれを骨身に徹して悟ることができるのである。逆にそこに毛さきほどでも知見のトゲがあったなら、たちまち真っ暗な無明《むみょう》の闇に陥るであろう。

だから、こういう話があるではないか——

法眼文益《もんえき》禅師が、趙州の侍者であった覚鉄觜に問うた。「趙州禅師には〝柏樹子〟なるお言葉が有ったそうですな」。すると覚鉄觜が怒って言う、「和尚、亡き師への誹謗はおやめいただきたい。わが師にさような語はござらぬ！」

このようにさえ究めれば、それがつまり古人の直截のところなのである。

この一段もまた、わずかも知的・分析的理解を加えず、「柏樹子」の語を「直透」せよ、すなわちまるごとずばりと突破せよという説である。ここで趙州と僧のやりとりが単純な一問一答に圧縮されているのは、この話がもはや途中の思路をたどるべきものではないからであろう。そこにさらに覚鉄觜の後日談が加えられることによって、あらゆる理解や評価を徹底して拒絶するという精神、それがいっそう強調されている如くである。

ちなみに覚鉄觜は、『景徳伝灯録《けいとくでんとうろく》』巻一一に趙州の法嗣《はっす》（法を嗣いだ弟子）として名の見える「揚州城東光孝院慧《え》覚《かく》禅師」のことで、「鉄の觜《くち》」とは恐るべき言葉を吐くヤツとでもいった綽名らしい。この話は、『景徳伝灯録』にはなお見えないが、『禅林僧宝伝《ぜんりんそうぼうでん》』巻一一や大慧『正法眼蔵《しょうぼうげんぞう》』巻上、『聯灯会要《れんとうえよう》』巻七など、宋代の文献に至ってひろく引かれるようになるものである。

鉄牛にとまった蚊のように――大慧宗杲

公案に対する有意味な知的解釈の拒否という姿勢は、圜悟の弟子の大慧《だいえ》宗杲《そうこう》にいたって、さらに徹底され方法化される。大慧はいう――

所以五祖師翁有言、「如何是祖師西来意？　庭前柏樹子。恁麼会、便不是了也。如何是祖師西来意？　庭前柏樹子。恁麼会方始是」。你諸人還会麼？　這般説話、莫道你諸人理会不得、妙喜也自理会不得。我此門中無理会得理会不得。蚊子上鉄牛、無你下嘴処。（『大慧普覚禅師語録』巻一六「悦禅人請普説」、禅宗全書四二－三五五下／大正四七－八八一中）

所以《ゆえ》に五祖師翁《ごそすおう》、言える有り、「如何ナルカ是レ祖師西来意？　庭前ノ柏樹子。恁麼《かくのごと》く会《え》さば、便《すなわ》ち不是《ふぜ》と了也《なれり》。如何ナルカ是レ祖師西来意？　庭前ノ柏樹子。恁麼《かくのごと》く会《え》して方《はじ》めて是《ぜ》なり」と。你《なんじ》ら諸人《しょにん》、還《は》た会《え》す麼《や》？　這般《かか》る説話《せった》は、你《なんじ》ら諸人の理会《りえ》し得ざるは莫道《いうにおよば》ず、妙喜《われ》も也《ま》た自ら理会《りえ》し得ず。我が此の門中には理会《りえ》し得ると理会し得ざると無し。蚊子《ぶんす》の鉄牛に上《のぼ》れるがごと、你《なんじ》の嘴《くち》を下《くだ》す処《ところ》無し。

（「莫道A、B也…」で「Aは言うまでもなく、Bさえも…」）

五祖師翁は圜悟の師、五祖法演《ほうえん》禅師のこと。「師翁」は師承関係の上での祖父、つまり師匠の師匠を敬っていう呼称である。五祖法演―圜悟克勤―大慧宗杲というこの系譜が、最終的には宋以後の禅の主流を確立する。

大慧はまずその師翁、五祖法演の言葉を引く、「如何ナルカ是レ祖師西来意？　庭前ノ柏樹子、このように会得したら、たちまち誤りとなる。そうではなくて、如何ナルカ是レ祖師西来意？　庭前ノ柏樹子、このように会得して始めて正しいのである」と。

大慧はこの言葉を頻繁に引くが、現存の五祖法演の語録には見えない。宋代の禅門にはこうした口頭の伝承が多数行われており、これもおそらくそうした口碑のひとつであろう。だが、ここで、是とされる会得と非とされる会得、両者はいったい、どこがどう違うというのか。

そこで大慧は続けて説く。諸君、解るか。こういう言葉は諸君にとって理解不可能なだけでなく、わし自身にとっても理解不可能なものなのだ。そもそも我が法門には、理解可能・理解不可能という事じたいが存在しない。あたかも鉄の牛にとまった蚊のごとく、そこには嘴《くち》――すなわちコトバ――を挿しはさむ余地がハナから存在しないからである。

「活句《かっく》に参じて、死句《しく》に参ぜず」

理解できないのが悪いのではない。理解しようとすることがいけないのである。圜悟や大慧は「庭前の柏樹子」の語を、いかなる理解も受けつけず、いかなる理路にも組み込みえぬ、いわば絶待・無分節の一語とする。プロローグ冒頭の例で喩えるならば、「私の娘は男です」という句を、近ごろ無事にお産をした娘の消息を語っている母親の言葉、などと文脈に還元して理解するのでなく、それをあくまでも「娘＝男！」という理解不能の一語として突き詰めてゆくのである。

そうした語を、宋代の禅者はしばしば「活句《かっく》」と呼ぶ。「活句」とは、字面から想像されるような、活き活きした表現ということではない。いかなる意味や論理にも還元し得ない無分節の語、どの線の上にも位置づけられない絶待の一点としての語、そうした語を「活句」

といい、逆に理路に組み込まれた解釈可能な有意味の語を「死句」と称するのである。

一例として『碧巌録《へきがんろく》』第八九則「雲巌《うんがん》問道吾《どうご》手眼」の圜悟の評唱《ひょうしょう》を看ておこう。まず、その本則《ほんそく》（主題として取りあげられる公案）は、次のようなものである。

挙、雲巌問道吾、「大悲菩薩用許多手眼作什麼？」 吾云、「如人夜半背手摸枕子」。巌云、「我会也」。吾云、「汝作麼生会？」 巌云、「偏身是手眼」。吾云、「道即太殺道、只道得八成」。巌云、「師兄作麼生？」 吾云、「通身是手眼」。（岩波文庫、下、頁一六二）

挙《こ》す、雲巌、道吾に問う、「大悲菩薩、許《かく》も多くの手眼《しゅげん》を用いて什麼《なに》をか作《な》す？」 吾云く、「人の夜半、背手《うしろで》に枕《まくら》子を摸《さぐ》るが如し」。巌云く、「我れ会也《えせり》」。吾云く、「汝、作麼生《いかに》か会《え》す？」 巌云く、「偏身《へんしん》是れ手眼なり」。吾云く、「道《い》うことは即《すなわ》ち太殺《はなは》だ道《い》えるも、只だ八成《はちわり》を道《い》い得たるのみ」。巌云く、「師兄《すひん》、作麼生《いかん》？」 吾云く、「通身《つうしん》是れ手眼なり」。

唐末の雲巌と道吾は、ともに薬山惟儼《やくさんいげん》門下の兄弟弟子。両者の関係については複数の伝承があるが、ここでは道吾が師兄《すひん》（あに弟子）、雲巌が師弟《すてい》（おとうと弟子）とされている。

ある日、雲巌が道吾に問うた、「大悲菩薩は、こんなにもたくさんの手眼を用いて、どうしようというのでしょう」。仏殿で千手千眼の観音像を目の前にしながらの問いである。「手眼」は手と眼ではなく、掌《たなごころ》についた眼のこと。

道吾はいう、「人が夜中、後ろ手にマクラをさぐるようなものだ」。それを聞いて、雲巌はうなずいた、「そうか、わかった！」道吾、「どう、わかったのだ」。雲巌、「体じゅうに眼があるのです」。

道吾はいう、「うむ、なかなかのデキだが、しかし八割がたを言い当てたに過ぎぬ」。「では、そういう師兄《すひん》はどうなのです」。「うむ、体全体が一箇の手眼なのだ」。

もとは『祖堂集《そどうしゅう》』巻五・道吾章や『景徳伝灯録《けいとくでんとうろく》』巻一四・雲巌章に見える話で、両書の間にも話者の入れ替わりなど幾つかの出入があるものの、いずれも構成はごく単純であった。たとえば『景徳伝灯録』の記録は次のようである。

道吾問、「大悲千手眼、那箇是正眼？」師曰、「如無灯時把得枕子、怎麼生？」道吾曰、「我会也！　我会也！」師曰、「怎麼生会？」道吾曰、「通身是眼」。（頁二八一上）

道吾問う、「大悲千手眼《だいひせんじゅげん》、那箇《いずれ》か是れ正眼《しょうげん》？」師〔雲巌〕曰く、「灯《ともしび》無き時に枕子《まくら》を把《と》得うるが如しとせば、怎麼生《いかん》？」道吾曰く、「我れ会《えせり》也！　我れ会《えせり》也！」師曰く、「怎麼生《いかに》か会《え》せる？」道吾曰く、「通身《つうしん》是れ眼《まなこ》なり」。

観音の千手千眼も驚くにはあたらない。真夜中でも人はちゃんと、枕を捉まえて引きよせているではないか。それを聞いて道吾は気づく、そうか、わが全身が眼《まなこ》だったのか！　活き身の己れに具わった平常のはたらき、それこそが無上の神通なのだというわけである。ところが、宋代になるとこの話は、『碧巌録』に見られるように「偏身是眼」と「通身是眼」の二項対立という形に再構成される。仏性と身心の作用をどう関係づけるかという問題意識から、「偏身是眼」といえば、六根《ろっこん》（眼・耳・鼻・舌・身・意）の作用がそれぞれ別個に仏性と等置されることになってしまう。「通身是眼」と言って始めて、六根の個々の作用が一元的・統一的な仏性総体の発現としてとらえられるのだ、そうした趣旨が新たに読みこまれているようである。

むろん解釈の可能性は他にもあろう。だが、いずれにせよ、こうした理論的解析は圜悟の採るところではない。この問答に対する圜悟の評唱は、次のようなものであった。

如今人多去作情解道、「偏身底不是、通身底是」。只管咬他古人言句、於古人言下死了。殊不知、古人意不在言句上、此皆是事不獲已而用之。如今下注脚立格則道、「若透得此公案、便作罷参会」。以手摸渾身、摸灯籠露柱、尽作通身話会。若恁麼会、壊他古人不少。所以道、「他参活句、不参死句」。須是絶情塵意想、浄裸裸、赤灑灑地、方可見得大悲話。

（『碧巌録』岩波文庫、下、頁一六四）

如今《いまどき》の人、多く去《ゆ》きて情解《じょうげ》を作《な》して道《い》く、「偏身《へんしん》底は不是《ふぜ》にして、通身《つうしん》底は是《ぜ》なり」

と。只管《ひたすら》に他《か》の古人の言句を咬《かじ》り、古人の言《ことば》の下に於いて死《し》に了《おわ》れり。殊《こと》に知らず、古人の意は言句上に在らず、此らは皆な是れ事《こと》として不獲已《やむをえず》して之を用いしのみなるを。如今《いまどき》は、注脚《ちゅうきゃく》を下《くだ》し格《かく》を立《た》てて則ち「若《も》し此の公案を透《とお》り得なば、便ち罷参《はさん》の会《え》と作《な》さん」と道《い》い、手を以て渾身を摸《さぐ》り、灯籠《とうろう》・露柱《ろちゅう》を摸《さぐ》りて、尽《ことごと》く通身の話の会《え》と作《な》す。若《も》し恁麼《かくのごと》くに会《え》さば、他《か》の古人を壊《こぼ》つこと少なからず。所以《ゆえ》に道《いわ》く、「他《かれ》、活句に参じて、死句に参ぜず」と。須是《すべか》らく情塵意想《じょうじんいそう》を絶し、浄躶躶《じょうらら》、赤灑灑《しゃくしゃしゃ》地にして、方《はじ》めて大悲の話を見得《みう》る可《べ》けん。

昨今は皆なおおむね「情解《じょうげ》」（分別意識による理屈づけ）をなして、このように言うておる。「〝偏身是眼〟という雲巌の見解は誤りで、〝通身是眼〟という道吾の見解が正しい」と。そして、古人のコトバに齧《かじ》りついて穿鑿し、あげく、古人のコトバのもとに死んでしまっている始末である。彼らには、古人の意はコトバの上にはない、それはやむを得ずして言われたものに過ぎぬ、ということが、まるで分かっていないのである。

かくて昨今では、こうした語句に注釈を施し規格を設けて、「この公案を透過したら、修行満了の見解ができる」などと言い、さらに手で自らの全身をまさぐったり、灯籠や露柱を手さぐりしたりして、それを「通身」の見解などと称しているのである。こんなことでは、古人の真意を損なうことおびただしい。そこで、こういう言葉がある、

——活句に参じて、死句には参じない。

かならずや「情塵意想《じょうじんいそう》」（＝「情解《じょうげ》」）を断ち切り、きれいさっぱり、すっからかんとなって、そこで始めてこの「大悲菩薩」の公案を看て取ることができるのである。

　古人の意は言句の上にはない。だから「偏身是眼」や「通身是眼」の字義を穿鑿し、その是非・優劣を論評する類の解釈は、「情解」「情塵意想」として斥けられねばならない。それは、「他《か》の古人の言句を咬《かじ》り、古人の言《ことば》の下に於いて死」ぬことでしかないからである。そうした「情解」「情塵意想」を「浄裸裸《きれい》、赤灑灑《さっぱり》」と捨て去り、話頭《わとう》そのものを直に看て取ること、それこそが圜悟の要求する所に外ならず、そうした姿勢を集約的に示すのが「他《かれ》、活句に参じて、死句に参ぜず」の一句であった。

　圜悟は『碧巌録』で、この句をしばしば評唱のきめの一句として用いている。この句については、明《みん》の永覚元賢《ようかくげんけん》の次の問答が注脚になろう。

問、「宗師云、参禅須是参無義句、不可参有義句。従有義句入者、多落半途。従無義句入者、始可到家。是否？」曰、「参禅不管有義句無義句、貴在我不在義路上著倒而已。……」（『鼓山永覚和尚広録』巻二九、禅宗全書五八－七七四下左）

問う、「宗師云く、参禅は須是《すべから》く〝無義句《むぎく》〟に参ずべし。〝有義句《うぎく》〟に参ずる可《べ》からず。〝有義句〟従《よ》り入る者は、多く半途《みちなかば》に落つ。〝無義句〟より入る者にして、始めて家《わがや》に到る可《べ》し、と。是《しか》る否《や》？」曰く、「参禅は〝有義句〟〝無義句〟に不管《かかわら》ず、貴ぶところは我の義路《ぎろ》上に在《おい》て著倒《つまずか》ざることに在《あ》る而已《のみ》。……」

ここで「無義句」が「活句」の、「有義句」が「死句」の言い換えであることは明らかであろう。ここから推せば「死句」とは理解可能な意味や論理を内包した「有義」の語、「活句」はそうした意味や論理が脱落した「無義」の語のこと、とひとまず定義できる。ただし、それに対して永覚元賢は言う、肝要なのはそうした語句の分類よりも、自分自身が「義路」（論理・脈絡）に足をとられぬようにすることなのだ――それこそがいわば真の「活句」なのだ――と。

唐代の禅問答は、あたかも碁の布石に似ていた。個々の石自体でなく石と石の間に文脈があり、相互の関係のなかで、それぞれの石が意味をもっていた。だが、宋代の禅門では、それらの石は碁盤のうえから取り出され、白紙のうえに一つだけでポツリと置かれるものになった。意味の連関から切り離されて個別の断片となった一個の石が、それを看る者から概念的思考を奪い、人の心を名状不可能な原初の一点に突き返すと考えられるようになったのである。そのように扱われるようになった問答を「活句」といい「公案」という。さきに「庭前の柏樹子」の一句について、圜悟は「仏法商量」に陥らずして「仏法旨趣」を示しえたものだと讃え、大慧はその一句を、理解も不理解もうけつけぬ「鉄牛」のようなものだと喩えていた。いずれも一言でいってしまえば、「庭前の柏樹子」を「活句」として看よということであろう。宋代禅門の随筆集『羅湖野録《らごやろく》』巻一が伝える圜悟の次の逸話は、「柏樹子」に関するものではないが、古人の語を「活句」として使いこなした実例として興味ぶかい。

西蜀表自禅師参演和尚於五祖。時圜悟分座摂納。五祖使自親炙焉。圜悟曰、「公久与老師法席、何須来探水？　脱有未至、挙来品評可也」。自乃挙徳山小参話。圜悟高笑曰、「吾以不堪為公師。観公如是、則有余矣」。遂令再挙、至「今夜不答話」処、圜悟驀以手掩自口、曰、「止！　只恁看得透、便見徳山也」。自不勝其憤、趨出、以坐具摵地曰、「那裏有因縁只教人看一句！」　於是朋儕競勉、自従圜悟指示、未幾有省。

（禅宗全書三二―二〇六下）

西蜀の表自《ひょうじ》禅師、演和尚〔法演〕に五祖〔五祖山〕に参ず。時に圜悟は分座して摂納す。五祖は自〔表自〕をして焉《これ》〔圜悟〕に親炙《しんしゃ》せしむ。圜悟曰く、「公、久しく老師の法席《ほっせき》に与《あずか》る、何ぞ来りて探水するを須《もち》いん。脱《も》し未だ至らざるところ有らば、挙し来《こ》って品評するも可なり」。自〔表自〕乃ち「徳山小参《とくさんしょうさん》」の話を挙すに、圜悟高笑して曰く、「吾れ、公の師と為るに堪《た》えずと以《おも》いしに、公の如是《かよう》なるを観《み》れば則ち余り有り」。遂《かく》て再び挙せしめ、「今夜は答話《とうわ》せず」の処に至るや、圜悟は驀《にわ》かに手を以って自の口を掩《おお》い、曰く、「止《や》めよ！　只だ恁《かくのごとく》に看得透《みぬけ》ば、便ち徳山に見《まみ》えん」。自は其の憤《いきどお》りに勝《た》えず、趨《はし》り出《いで》て、坐具を以って地を摵《はら》いて曰く「那裏《いずく》にか因縁《いんねん》有りて只だ人をして一句をのみ看せしめん！」　是《ここ》に於いて朋儕《ともがら》は競いて勉《はげま》し、自、圜悟の指示に従う。未《いま》だ幾《いく》ばくならずして省《せい》有り。

西蜀（四川）の表自禅師は五祖山で法演禅師に参じた。当時、圜悟がすでに首座《しゅそ》（筆頭の修行僧。第一座《だいいちざ》とも）として法演の補佐を務めており、法演は表自に、親しく圜悟について指導を受けるようにと命じた。圜悟も蜀の出であったから、同郷の先輩につけば、言葉も気持ちもよく通じようという配慮であろう。だが、圜悟は表自に言う、「貴公もうちの老師の法席に連なって随分になる。なにも、わしがところへ来て、境地の深浅を試るには及ぶまい。しかし、まだ究められぬ点があるというなら、提起して品評してみるのも悪くはない」。そこで表自は「徳山小参」の公案を述べた。よく知られた次のような話である――

鼎州徳山宣鑒禅師、小参、示衆云、「今夜不答話。有問話者、三十棒」。時有僧出礼拝、師便打。僧云、「某甲話也未問、為甚打某甲？」師云、「你是甚処人？」云、「新羅人」。師云、「未跨船舷、好与三十」。（『宗門統要集』巻七・徳山章、禅学典籍叢刊一―一六一下）

鼎州徳山宣鑒《とくさんせんかん》禅師、小参、衆《しゅ》に示して云く「今夜は答話せず、問話《もんな》する者有らば、三十棒」。時に僧有り出《いで》て礼拝するや、師便ち打つ。僧云く、「某甲《それがし》、話《わ》すら也《な》お未だ問わざるに、為甚《なにゆえ》にか某甲を打つ」。師云く、「你《なんじ》は是れ甚処《いずく》の人ぞ」。云く「新羅《しらぎ》の人なり」。

師云く、「未だ船舷《ふなべり》を跨《また》がざるに、好《よ》し三十を与うるに〔今宵の問話どころか、新羅から求法の旅に出ようとしたその時点で、汝はとうに三十棒で打たれるべき誤りをおかしておったのだ〕」。

表自がこの公案を口述したところ、圜悟は高笑いして言い放った、「自分は貴公の師など、務まる器ではないと思うておった。だが、どうして、その様子では、このわしでも充分余裕があるようだ」。

そして、いまいちどその話を述べるように命じた。ところが、「今夜は答話せず」の一句まで申し述べたその刹那、圜悟はなんと、いきなり表自の口を手でふさいだ。「ここでやめよ！　かく看ぬけば、ただちに徳山の真面目と対面することができるであろう」。

表自は憤懣やるかたない。その場を走り出て、坐具（礼拝の際に下に敷く布）で床を叩く。「くそっ！　どこに、ただの一句しか看させぬような公案があるか！」

しかし、朋輩たちが我も我もと励ましたので、表自は圜悟の指教に従い、やがてハタと気づくところが有ったのだった。

徳山の最後の言葉は、今この場での質問はおろか、聖なる価値を希求しようと思い立った当初の時点で、汝は早や誤っておったのだ——求めるべき聖解などどこにも有りはしないのだから——と解することができるだろう。だが、表自が二度目にこの話を述べたとき、圜悟は話の途中で、ではなく、わずか最初の一句を口にした瞬間に、すかさず表自の口を封じ去った。「徳山小参」の話は、もはやスジをたどるものでも、意味を読み取るものでもない。いや、徳山の話頭である必要さえない。ただ、脈絡なく切り取られた「今夜不答話」という語の破片、それが表自の心にぐさりと突き刺さるのみである。

看話――話頭を看よ

では、理解はおろか不理解の余地さえ無い「活句」、それに如何に向かえというのか。圜悟はそれを具体的には説いていない。そこで出てくるのが、大慧の編み出した「看話《かんな》」、すなわち「話頭《わとう》を看る」という方法である。「話頭」の「頭」は「舌《した》頭」「石《いし》頭」の場合と同じく名詞の接尾字で、塊状の個体という印象のものにつくことが多い（「饅頭」の「頭」も同じ）。要するに「話頭」の二字でハナシという意味だが、禅宗ではもっぱら古人の問答・言句のことを言い、「公案」とほぼ同義に用いられる。たとえば「柏樹子」の話頭を用いた看話の参究について、大慧は在俗の士人に与えた書簡で次のように書いている。

若卒討巴鼻不著、但只看箇古人入道底話頭。僧問趙州、「如何是祖師西来意？」州云、「庭前柏樹子」。僧云、「和尚莫将境示人」。州云、「我不将境示人」。僧云、「既不将境示人、却如何是祖師西来意？」州只云、「庭前柏樹子」。其僧於言下忽然大悟。伯寿、但日用行住坐臥処、奉侍至尊処、念念不間断、時時提撕、時時挙覚、驀然向柏樹子上心意識絶気息、便是徹頭処也。

（『語録』巻二三・法語「示太虚居士」、禅宗全書四一－四〇五上／大正四七－八八〇上）

若《も》し卒《にわか》に巴鼻《はび》を討《もと》め不著《えざ》れば、但只《た》だ箇の古人入道底の話頭を看よ。「僧、趙州に問う、如何なるか是れ祖師西来意？　州云く、庭前の柏樹子。僧云く、和尚、境を将《も》って人に示すこと莫れ。州云く、我れ境を将って人に示さず。僧云く、既に境を将って人に示さざれば、却《かえ》って如何なるか是れ祖師西来意？　州只だ云く、庭前の柏樹子。其の僧、言下に於て忽然と大悟す」。伯寿〔この手紙の相手の名〕よ、但《た》だ日用《にちゆう》の行住坐臥《ぎょうじゅうざが》の処、至尊《しそん》に奉侍《つか》うる処、念念に間断せず、時時に提撕《ていぜい》し、時時に挙覚《こかく》せよ、かくて驀《まく》然《ねん》と「柏樹子」上に向《お》いて心意識、気息《きそく》を絶さば、便ち是れ徹頭《てっとう》の処《ところ》なり。

もし、すぐに捉えどころが得られなければ、ともかく、ただただ古人が道に悟入した際の「話頭《わとう》」を看《み》よ——僧が趙州に問う、「如何なるか是れ祖師西来意」。趙州いわく、「庭前の柏樹子」。僧、「和尚、境で示すのはおやめ下さい」。趙州、「わしは境でなど示しておらぬ」。趙州は只だ「庭前の柏樹子」と言った。僧はその言下に忽然と大悟した、と。

さあ、伯寿どの。ともかく日常の行住坐臥のところ、皇帝陛下にお仕えするところ、そのさなかにおいて、一念一念とぎれることなく、時々刻々これにとりくみ、時々刻々これを念頭に置くのだ。かくてこの「柏樹子」の上で、突如、分別意識が息の根を止められたら、それこそ正しく徹底大悟のところに外ならないのである。

右の一段で「柏樹子」の話は、なお中間のやりとりをとどめた、ほぼ原型に近い形で引かれている。だが、ここに二つ、重要な改変が加えられていることは見落とせない。一つは、後の「庭前の柏樹子」の一句が「只だ」言ったものと記されている点、もう一つは、その一句によって僧が「言下に於て忽然《こつねん》と大悟《たいご》」した、とする記述が新たに加えられている点である。

この二点の追加は、相互に関連している。ここで「庭前の柏樹子」の語は、問いと無関係に「只だ」言われた語、したがって、如何なる脈絡にもくみこまれぬ無分節の一語――すなわち「活句」――とされている。そして、それだからこそ、それを聞いた僧には理解・不理解を超えた「忽然大悟」の契機がもたらされ、その話頭を参究する者も「驀然《まくねん》と〝柏樹子〟上に向《お》いて心意識、気息《きそく》を絶」し、「徹頭の処」に至ることができるのである。「話頭を看る」とは、話の意味をよく考え、理解することではない。理解も不理解も及ばぬ頑とした鉄牛のような話頭、それに全身全霊を集中しつづけることで、あらゆる思考や判断が絶命し、意識が激発する悟りの一瞬に至る、それが「話頭を看る」ということなのである。

「此の事は決定《さだ》めて言語上に在らず」

このことを、大慧はまた次のようにも説いている。ここでは「柏樹子」のほか、かの「麻《ま》三斤《さんぎん》」と「乾屎《かんし》橛《けつ》」の公案も同じ扱いのもとに取りあげられている。

所以此事決定不在言語上。若在言語上、一大蔵教諸子百家徧天徧地、豈是無言？　更要達磨西来直指作麼？　畢竟甚麼処是直指処？　你擬心早曲了也。如「僧問趙州、如何是祖師西来意？　州云、庭前柏樹子」。這箇忒殺直。又「僧問洞山、如何是仏？　山云、麻三斤」。又「僧問雲門、如何是仏？　門云、乾屎橛」。這箇忒殺直。你擬将心湊泊、他転曲也。……這箇如何将知見解会、計較得失玄妙是非底心去学得。你要真箇参、但一切放下。如大死人相似、百不知百不会、驀地向不知不会処、得這一念子破、仏也不奈你何。不見古人道、「懸崖撒手自肯承当、絶後再蘇欺君不得」。（『語録』巻一三「到雪峯値建菩提会請普説」、禅宗全書四二―三三四下／大正四七―八六三中）

所以《ゆえ》に〝此の事〟は決定《さだ》めて言語上に在らず。若《も》し言語上に在らば、一大蔵教・諸子百家の天に徧《あま》ねく地に徧《あま》ねきは、豈《あ》に是れ言無からんや？　更に達磨の西来直指《じきし》を要《よう》して作麼《いかんせ》ん？　畢竟《ひっきょう》、甚麼《いずれ》の処か是れ「直」指の処？　你《なんじ》ら心を擬《ぎ》すれば早《つと》に「曲」となり了也《おわらん》。如《たと》えば「僧、趙州ニ問フ、如何ナルカ是レ祖師西来意？　州云ク、庭前ノ柏樹子」。這箇《これ》、忒殺《はなは》だ「直《じき》」なり。又た「僧、洞山ニ問フ、如何ナルカ是レ仏？　山云ク、麻三斤」。又た「僧、雲門ニ問フ、如何ナルカ是レ仏？　門云ク、乾屎橛」。這箇《これ》、忒殺《はなは》だ「直」なり。你《なんじ》ら心を将《も》って湊泊《そうはく》せんと擬《ほっ》さば、他《そ》は「曲」に転ぜん。……這箇《これ》、如何《いか》でか知見解会《ちけんげえ》、得失・玄妙・是非を計較《はか》る底の心を将《も》って去《ゆ》きて学び得ん。你《なんじ》ら真箇《まこと》に参ぜんと要さば、但《た》だ一切放下《ほうげ》せよ。大死人の如《ごと》くに相《あ》い似《に》て、百《すべ》て知らず、百《すべ》て会《え》せず、驀地《まくち》に不知不会《ふちふえ》の処に向《おい》て這《こ》の一念子の破るを得なば、仏すら也《な》お你《なんじ》を奈何《いかん》ともしえざらん。見ずや古人道《いわ》く、「懸崖《けんがい》に撒手《さっしゅ》して自ら肯《うけが》いて承当《じょうとう》す　絶後《ぜつご》に再び蘇《よみがえ》るや君を欺《あざむ》き得ず」と。

それゆえ、「此の事」――究極の一事――は断じてコトバのうえにはないのである。もし、それがコトバのうえにあるのなら、すでに仏教の大蔵経や中国の諸子百家の書、それらが天地の間にあふれている。コトバならそこにいやというほど有るではないか。そのうえに重ねて達磨が西来し「直指《じきし》」する必要がどこにあろう（コトバの教えに記されえない「此の事」、それを「直指」するためにこそ達磨は西来したのではなかったか）。

では、その「直指」の「直」とは、どういう処のことなのか。汝らがそこに（思考や判断の）心を差し向ければ、それはたちまち「直」ではなくて「曲」となる。たとえば、「僧、趙州ニ問フ、如何ナルカ是レ祖師西来意？　州云ク、庭前ノ柏樹子」。これは、きわめつきの「直」である。また「僧、洞山ニ問フ、如何ナルカ是レ仏？　山云ク、麻三斤」、あるいは「僧、雲門ニ問フ、如何ナルカ是レ仏？　門云ク、乾屎橛」。これらも頗るつきの「直」である。だが、汝らがそれに（思考や判断の）心で取りつこうとすれば、これらも「曲」に転じてしまうのである。……

これがどうして、得失・玄妙・是非を思量し計算するような、知見解会《ちけんげえ》の心によって学び得よう。もし真にこれを究めようと思うなら、ともかく一切を捨て去ることだ。徹底して死にきった人のごとく、何も知らず、何も解さぬ状態となれ。そして、何も知らず何も解さぬその処で、突如、この一念が大破し得たら、もはや御仏さえ汝に手も足も出せぬこととなろう。かくて古人にこういう一句があるではないか、「切り立った崖っぷちから手をはなし、自らすべてを引きうけよ。大死して再び蘇れば、何者もそなたを欺き得ぬ」と。

「〝此の事〟は決定《さだ》めて言語上に在らず」云々は、圜悟や大慧の愛用する常套句で、もとは雲門の語に「〝此箇《こ》の事〟若《も》し言語上に在らば、三乗十二分教《さんじょうじゅうにぶんきょう》〔あらゆる仏典〕は豈《あ》に是れ言語無からんや。什麼《なに》に因《よ》りてか更に教外別伝《きょうげべつでん》と道《い》わん」と言うのを踏まえる（『景徳伝灯録』巻一九、『雲門広録』巻一）。最後の「懸崖撒手《けんがいさっしゅ》」云々も、雲門の弟子の蘇州永光院真《えいこういんしん》禅師の語として『景徳伝灯録』巻二〇などに見えるもので、『碧巌録』第四一則の評唱にも引かれている。

右の一段で大慧は、かの「庭前の柏樹子」「麻三斤」「乾屎橛」の三つの話頭を掲げ、それを思量分別を加えず「直」に受け取るべきもの――つまり字義にかかわらず「活句」として丸呑みにすべきもの――とする。そしてすべてを放下して、何ものも知らず、何ものも解さず、という「不知不会《ふちふえ》」の処において「這《こ》の一念子の破るを得なば」、――すなわち意識の激発・大破が起こったならば――それが仏さえよせつけぬ無条件の悟りだというのである。これがさきの引用に「驀然《まくねん》と〝柏樹子〟上に向《お》いて心意識、気息《きそく》を絶さば、便ち是れ徹頭《てっとう》の処《ところ》なり」とあったのに相応していることは言うまでもない。

プロローグで、「麻三斤」と「乾屎橛」について、柴山全慶・山田無文両老師による伝統的解釈の例を掲げた。ここで今いちどそれらを振り返っていただければ、その起源が右のような所説にあったことが知られるであろう。

無頭話《むとうわ》・無理会話《むりえわ》――朱子・道元の批判

大慧の説くこうした「看話」の方法について、朱子こと南宋の朱熹《しゅき》（一一三〇―一二〇〇）に、次のような証言がある。いわゆる朱子学の大成者である朱熹は、自己の思想体系確立ののちは厳しい反仏の立場をとるが、若き日には、大慧の弟子、開善道謙《かいぜんどうけん》について本格的に参禅した経験ももっている。次に引くのは、おそらくその経験をふまえた、批判的な観点からの看話禅の解説である。

因語禅家、云、「当初入中国、只有『四十二章経』。後来既久、無可得説、晋宋而下、始相与演義。其後義又窮。至達磨以来、始一切埽除。然其初答問、亦只分明説。到其後又窮、故一向説無頭話、如〝乾矢橛《(ママ)》〟〝柏樹子〟之類、只是胡鶻突人。既曰不得無語、又曰不得有語、道也不是、不道也不是、如此、則使之東亦不可、西亦不可。置此心於危急之地、悟者為禅、不悟者為顚。雖為禅、亦是蹉了蹊径。置此心於別処、和一身皆不管、故喜怒任意。然細観之、只是於精神上発用」。

（『朱子語類』巻一二六、中華書局点校本、頁三〇二八）

禅家《ぜんけ》を語るに因みて、云く、「当初、中国に入るに、只だ『四十二章経《しじゅうにしょうぎょう》』有るのみ。其の後来《のち》既に久しく、得《え》て説《い》う可《べ》き無し。晋宋より而下《のち》に、始めて相い与《とも》に義を演《の》ぶ。其の後、義又た窮す。達磨に至りてより以来《のち》、始めて一切掃除《そうじょ》す。然《しか》れど其の初めの答問は、亦《な》お只だ分明《ふんみょう》に説くのみ。其の後に到りて又た窮す、故に一向《いちず》に〝無頭話《むとうわ》〟を説く。〝乾矢橛《〔ママ〕》〟〝柏樹子〟の如きの類は、只だ是れ人を胡鶻突《ぼんやり》せしむるのみ。既に無語《むご》なるを得ざれと曰い、又た有語《うご》なるを得ざれとも曰う。道《い》うも也《ま》た不是《よからず》、道《い》わざるも也《ま》た不是《よからず》、如此《かくのごと》くせば、則ち之をして東するも亦《ま》た不可《ならず》、西するも亦《ま》た不可《ならず》と、此の心を危急の地に置かしめ、悟れる者は禅と為り、悟らざる者は顚《てん》と為る。禅と為ると雖《いえど》も、亦《な》お是れ蹊径《こみち》に蹉了《つまず》けるのみ。此の心を別処に置き、和一身皆《みぐるみすべ》て管《かま》わず、故に喜怒は任意《ほしいまま》なり。然れど細かに之を観れば、只だ是れ精神上に於いて用を発するのみ」。

禅のことを語ったおりに、先生（朱子）はこう言われた。「仏教が中国に伝わった当初は、ただ『四十二章経《しじゅうにしょうぎょう》』一本有るのみで、その後ながらく、言うほどのものは無かった。南朝の晋宋の時代以後、ようやく教理の展開がなされたが、それもやがて行きづまった。達磨の禅宗になってから、そうした教理が一掃されたが、それでも初めの頃は、ただ、はっきりとよく解る問答をやっていたのであった。だが、やがて、それも行きづまり、そこでひたすら〝無頭話〟ばかり説くようになった。〝乾屎橛〟とか〝柏樹子〟とかいうその類は、人に（思慮を忘れて）茫然とさせるだけのもので、無語も許さず、有語も許さず、言ってもだめ、黙してもだめ、と迫るのである。これによって、ああでもならず、こうでもならず、という危急のところに心を置かせ、結果、悟った者は禅となり、悟らなかった者は気がふれる。だが、禅となった者だって、（大道とは無縁の）横路でつまずいているだけのこと。心をヨソに置いて、全身まるごと構うことなく、そのため喜怒哀楽は放ちほうだい。しかし、よくよく観察してみると、所詮は生理的な作用を発揮しているに過ぎないのである」（「胡鶻突」は未詳。「胡突」「鶻突」はいずれも現代漢語の「胡塗《ぼんやり》」に当たるので、今かりに三字でその意味にとっておく）。

　ここにいう「無頭話」は、理解すべき内実をもたぬ語ということで、別の段では「無頭当底説話」とも呼ばれている（頁三〇二九）。揶揄の語感はあるものの、指す所はさきにいう「活句」「無義語」と同じであろう。朱熹はほかに「今の禅家《ぜんけ》は多《おおむ》ね是れ〝麻三斤〟〝乾屎橛〟の説、之を〝窠臼《かきゅう》（コトバの陥穽《かんせい》）に落ちず〟〝理路《りろ》（理屈のすじみち）に堕せず〟と謂う」（頁三〇一八）とか、「故に禅を学ぶ者は、只《ただ》是、一箇の話頭を把《と》りて去《ゆ》きて看るのみ。〝如何ナルカ是レ仏。麻三斤〟の類は、又た都《すべ》て義理の穿鑿するを得る無し」（同）などとも言っている。いずれも、禅の話頭がそもそも考えるべき意味内容をもたぬことを言ったもので、そうした「無頭話」を突きつけ、語も黙も許さず、是も非も認めぬ、という絶体絶命の窮地に追い詰めることで学人に悟りを開かせる――悟れなければ気がふれる――それが禅のやりかただと朱熹は批判しているのである。彼が他の一段で「禅は只だ是れ一箇の呆守《たいしゅ》法〔茫然と無思慮でいつづける法〕なるのみ。〝麻三斤〟〝乾屎橛〟の如きは、他の道理、初《せん》めより這《そ》の上に在らず。只是《た》だ他《かれ》をして心を麻《マ》了《ヒ》せしむるのみ。只《ひた》ら這《こ》の一路《ひとすじ》を思量し、専一《いつ》にして積むこと久しく、忽《たちま》ちに見処《けんじょ》有らば、便ち是れ悟りなり」（頁三〇二九）と言っているのも同じ意味であろう。

これと同様の批判は、わが道元《どうげん》（一二〇〇―一二五三）にも見られる。南宋の時代に入宋した道元は、「大宋国」の禅を極度に理想化する一方で、自身が見聞した宋の禅院の現状にたいする種々の不満も述べている。その不満の内容は、大は士大夫社会との癒着による禅僧の世俗化から小は食後の楊枝のことに至るまできわめて多岐にわたっているが、公案をひとしなみに「活句」として扱う風潮もまたその非難の対象のひとつであった。『正法眼蔵《しょうぼうげんぞう》』山《さん》水経《すいきょう》の巻に次のようにある。

いま現在大宋国《だいそうこく》に、杜撰《とせん》のやから一類あり、いまは群をなせり。小実《せうじつ》の撃不能《ぎやくふのう》なるところなり。かれらいはく、「いまの東山水上行話《とうざんすいじやうかうわ》、および南泉の鎌子話《れんすわ》ごときは、無理《むり》会話《ういわ》なり。その意旨は、もろ〳〵の念慮にかゝはれる語話は仏祖の禅話にあらず。無理会話、これ仏祖の語話なり。かるがゆゑに黄檗《わうばく》の行棒《ぎやうぼう》および臨済《りんざい》の挙喝《こかつ》、これら理会およびがたく、念慮にかゝはれず、これを朕兆未萌《ちんてうみぼう》以前の大悟《だいご》とするなり。先徳の方便《はうべん》、おほく葛藤断句《かつとうだんく》をもちゐるといふは無理会なり」。

（水野弥穂子校注、岩波文庫、第二巻、頁一八九）

現在、大宋国にデタラメな連中がある。それが今や群れをなしていて、ささやかな真実などではとても撃退はかなわない。その者たちは、「東山が水上を行く」という雲門の公案、「この鎌はよく切れる」といった南泉の公案、それらはみな「無理会話《むりえわ》」であるという。すなわち、さまざまな思慮に関わる言葉は仏祖の禅の言葉でなく、「無理会話」こそが仏祖の言葉であるというのである。そこでは、黄檗の棒打や臨済の大喝などは、みな理解の及ばぬ、思慮に関わらぬものとされ、それを世界生成以前のところの大悟などと称するのである。古徳の方便はおおむね葛藤を断ち切る語の使用にある、といわれるのも、つまりはこの「無理会話」のことである。

「理会《りえ》」は理解するということで、「無理会話」は理解の余地の無い言葉という意味であろう。「無理会話」という語からして、朱熹のいう「無頭話」とよく似るが、「理会およびがたく、念慮にかゝはれ」ざる「葛藤断句」という説明は、「無理会話」がまさしく「活句」「無義語」であることをよく示している。道元はこうした風潮を「宋土ちかく二三百年よりこのかた、かくのごときの魔子《まし》・六群禿子《とくし》〔頭を丸めただけの俗物〕おほし。あはれむべし、仏祖の大道《だいだう》の癈《はい》する〔不治の病に陥る〕なり。これらが所解《しよげ》、なほ小乗声聞《せうじようしやうもん》におよばず、外道《げだう》よりもおろかなり」云々と、口をきわめて非難している。彼の地でのこうした見聞が、道元の大慧批判・看話禅批判の重要な伏線となったであろうことは想像に難くない。

山水経の巻は、さらに次のようにつづく。

……禿子がいふ無理会話、なんぢのみ無理会なり、仏祖はしかあらず。なんぢに理会《りうい》せられざればとて、仏祖の理《り》会路《うゐろ》を参学せざるべからず。たとひ畢竟《ひつきやう》じて無理会なるべくは、なんぢがいまいふ理会もあたるべからず。しかのごときのたぐひ、宋朝《そうてう》の諸方におほし。まのあたり見聞《けんもん》せしところなり。あはれむべし、かれら念慮の語句なることをしらず、語句の念慮を透脱《てうとつ》することをしらず。在宋のとき、かれらをわらふに、かれら所《しよ》陳《ちん》なし、無語なりしのみなり。かれらがいまの無理会の邪計《じやけ》なるのみなり。たれかなんぢにをしふる、天真の師範なしといへども、自然《じねん》の外道児《げだうじ》なり。（頁一九〇）

かのハゲ坊主らのいう「無理会話」は、自分たちが理会できないだけのことであって、仏祖のほうはそうではない。自分たちが理会できぬからといって、仏祖の理会の路を参究しないでよいということにはならない。もし究極的に無理会だというのなら、「無理会」という規定をすることだっておかしいではないか。

こういう手合いが、宋朝の方々にごまんといる。哀れなことだ。かれらには念慮が語句であり、語句は念慮を突破する——思考が言語となり、その言語がひるがえって思考を超越する——ということが、まるで分かっておらぬのだ（「透脱」は向こう側へつきぬけること）。宋にいたとき、彼らを嘲笑したところ、彼らは返す言葉も無く、ただ黙りこむだけであった。「無理会」の邪見が彼らのもちあわせているすべてだからだ。誰がそんなことを教えたのか。もし、師も無く、天然にそうなのだというなら、それはそれで自然外道《じねんげどう》の類といわねばならぬ。

道元の研究書には時おり、公案禅に反対している道元に公案集の編著（『真字正法眼蔵』、いわゆる『正法眼蔵三百則』）があるのは矛盾でないかといった指摘が見られる。だが、これもさきに言うように、公案禅と看話禅を分けて考えれば、問題はないだろう。道元が反対しているのは、看話禅であって公案そのものではない。和文の『正法眼蔵』は、看話禅に反対しながら独特の文字禅を展開したものと言ってよく、むしろ広義の公案禅の一形態と看るほうが当たっている。道元にとって公案は、思考を超越する言語——「念慮」を「透脱」する「語句」——として、あくまでも「理会」されるべきものであった。思慮を超えた「仏道」の世界の風光を、公案本文の文法構造の変型と解体によって描き出そうとした道元。彼にとって、公案には初めから何の論理も文脈も無いとする「無理会話」——すなわち「活句」——の説は決定的に許容し難いものだったのである。

第三章　『無門関』から日本近代の禅理解へ

『無門関』

さきに掲げたように、「柏樹子」の話は、今日、一般には『無門関《むもんかん》』によって知られている。『無門関』は、南宋末期の無門慧開《むもんえかい》（一一八三—一二六〇）が、自ら選んだ四十八則の公案に短い評と偈《うた》を付したもので、大慧系看話禅の簡便な教科書という性格のはっきりした、ごく小さな書物である。かりに大正新脩大蔵経の上で比べてみると、『碧巌録』の八十数頁に対し、『無門関』はわずか八頁、一〇分の一以下でしかない。中国ではほとんど流布した形跡が無く、影響は皆無と言っても言い過ぎでないが、日本では鎌倉時代、法燈《ほっとう》国師こと無本覚心《むほんかくしん》（心地覚心）が入宋して無門慧開の法を嗣ぎ、帰国後この書物を刊行したために、きわめて広範に用いられ、その結果、現代の日本および欧米で最も翻訳や解説の多い禅籍となっている。分量が少ないことと文が短く簡略なことが、中国本土以外での広範な流布の原因となっていることは疑いない。禅に関心をよせた近代の知識人も、「柏樹子」に限らず、趙州の「無字」、洞山の「麻三斤」、雲門の「乾屎橛」などの公案に、この書物を介して接した人が少なくなかったはずである。

では、『無門関』第三七則「庭前柏樹」の全文を掲げてみよう。

趙州因僧問、「如何是祖師西来意？」州云、「庭前柏樹子」。
無門曰　若向趙州答処見得親切、前無釈迦、後無弥勒。
頌曰　言無展事　語不投機　承言者喪　滞句者迷

趙州、因《ちな》みに僧問う、「如何《いか》なるか是れ祖師西来意？」州云く、「庭前の柏樹子」。
無門曰く　若《も》し趙州の答処《たっしょ》に向《おい》て見得《みえ》て親切なれば、前に釈迦《しゃか》無く、後に弥勒《みろく》無し。
頌《じゅ》に曰く　言は事を展《の》ぶる無く　語は機に投ぜず
言を承《う》くる者は喪《うしな》い　句に滞《とどこお》る者は迷う

無門慧開が「柏樹子」の話《わ》を評していう、「趙州の答えのところで、我が身に徹して看て取れたなら、過去に釈迦仏なく、未来に弥勒仏もない」。そして、その趣旨を詩に詠んでいう――

コトバは　物事を表さず
コトバは　相手とかみあわぬ
コトバをまともに受け取る者は　喪失し
コトバに執《とら》われる者は　見失う

これだけを単独で読んだら、不可思議な呪文かなにかに見えそうである。だが、これまでの圜悟・大慧の説の延長線上において看れば、右の意図はむしろ単純なまでに明白であろう。「前に釈迦《しゃか》無く、後に弥勒《みろく》無し」、この句もさきに大慧が「驀地《まくち》に不知不会《ふちふえ》の処に向《おい》て這《こ》の一念子の破るを得なば、仏すら也《な》お你《なんじ》を奈何《いかん》ともしえざらん」と言っていたのと同様、仏の権威による肯定も否定もよせつけぬ、絶待の悟りを得ることの形容と解することが可能である。

「語中無語」

右の頌は雲門の弟子、洞山守初《とうざんしゅしょ》（九一〇—九九〇）の語として伝承されていたものを、無門がそのままここに借用したものである。覚範慧洪《かくはんえこう》（一〇七一—一一二八）が洞山の語録のことを『林間録《りんかんろく》』巻一に次のように書いているが、それがこの頌に対する恰好の解説を与えてくれる。

> 予建中靖国之初、故人処獲洞山初禅師語一編。福厳良雅所集。其語言宏妙、真法窟爪牙。大略曰、「語中有語、名為死句。語中無語、名為活句。未達其源者、落在第八魔界中」。又曰、「言無展事、語不投機。乗言者喪、滞句者迷」。於此四句語中見得分明、也作箇脱洒衲僧、根椽片瓦粥飯因縁、堪与人天為善知識。於此不明、終成莽鹵。……
>
> （禅宗全書三二—三二下、続蔵一四八—二九九右下）

> 予《われ》、建中靖国の初め、故《ゆかり》の人の処にて『洞山初禅師語』一編を獲《え》たり。福巌良雅《ふくごんりょうが》の集むる所なり。其れ語言は宏妙にして、真に法窟《ほうくつ》の爪牙《そうが》なり。大略に曰く、「語中に語有るを、名づけて死句と為し、語中に語無きを、名づけて活句と為す。未だ其の源に達せざる者は、第八魔界中に落《お》在《ち》ん」。又た曰く、「言は事を展《の》ぶる無く、語は機に投ぜず。言に乗る（言を承る）者は喪《し》し、句に滞《とどこお》る者は迷う」。此の四句の語中に於いて見得《みえ》て分《ふん》明《みょう》なれば、也《ま》た箇《ひとり》の脱洒《だっしゃ》の衲僧《のうそう》と作《な》り、根椽《こんてん》・片瓦《へんが》・粥飯《しゅくはん》の因縁もて、人天《にんてん》の与《ため》に善知《ぜんち》識《しき》と為《な》るに堪《た》えん。此《ここ》に於いて明らかならずんば、終《つい》に莽鹵《もうろ》と成らん。……
> （「乗」と「承」は中国語で同音）

私は建中靖国年の初め（一一〇一年）、知人のところで『洞山初禅師語』一篇を入手した（今、『古尊宿語録』巻三八所収）。弟子、福巌良雅の編纂にかかるもので、その言葉は壮大にして精妙、まことに獅子がわが児を鍛える爪や牙の如きものである。それには、おおむね、次のように説かれている。

――語中に語有るを、「死句」といい、語中に語無きを「活句」という。その根源に達せざる者は第八魔界中に落ちる（『古尊宿語録』中華書局点校本、頁七一〇）。

また次のような説もある。

――コトバは物事を表さず　コトバは相手や場面とかみあわぬ　コトバをまともに受け取

る者は喪失し　コトバに執《とら》われる者は迷う（同、頁七〇九）。

この四句においてしかと看て取ることができたなら、一箇の執われなき禅僧となり、わずかに一本の垂木《たるき》と一枚の瓦、それに粥があるだけで、一院を構えて人天の大導師となることができるであろう。逆にここを明らかにできなければ、結局、ガサツでデタラメなままに終わるほかはない。

ここに引かれた洞山守初の二つの言葉は、いずれもよく引かれる有名な句である。「語中に語有るを、名づけて死句と為し、語中に語無きを、名づけて活句と為す」——いうこころはさきにみた「活句」「死句」の説と同じであり、「無頭話」「無理会話」などと称されていたものとも通じよう。慧洪はこの説をとりわけ重視しており、『禅林僧宝伝』巻八・守初伝でも、これをその洞山住持の際の主要な説法として記録している（のちに大慧『正法眼蔵』巻上にも採られている）。

つづけて引かれた「言無展事」云々の句も、やはり、内実や関連をもたぬ語句をこそ真の言語とするというもので、「言無展事、語不投機」は「語中無語」の「活句」に、「乗（承）言者喪、滞句者迷」は「語中有語」の「死句」に対応する。この句は、古く『祖堂集』巻一〇や『景徳伝灯録』巻一八に、雲門と同門の鼓山神晏《くざんしんあん》の語として見えていたものだが、宋代の禅門ではこれがもっぱら洞山守初の語として伝えられるようになっていたのである。『林間録』のこの記述をふまえて単純化すれば、『無門関』は洞山守初の頌を借りることで、「庭前の柏樹子」を「語中無語」の「活句」として直に体得せよと要求しているのだと言えるだろう。これが圜悟・大慧の説の直線的な継承であることは一目瞭然であり、その趣旨は前出の柴山全慶『無門関講話』でも、次のようにきわめて的確に祖述されている。

この柏樹子、正に銀山鉄壁である。何とも手のつけようがない。これをもって弟子たちの一切の知解学解を奪い去り、人境、自他の二元的分別を払い尽させようという大慈悲心より出た答話であったと思う。絶対的自由の世界、常に新鮮な禅境に彼らを開眼させたかったのである。古人は「柏樹子の答話は鉄の楔《くさび》のようなもので、どんな解釈も理解も寄せつけない。舌や言語をもって触れることもできない。ただ自己の中に大疑を起して、ひたすらに参究せよ」と言っている。（頁三九七）

近代的禅言説へ——漱石と前田利鎌

鎌倉時代以後、日本でも多様な禅宗諸派の展開があったが、江戸時代に白隠《はくいん》による禅の革新がなされ、それがその後の禅門の主流となった。それは一言でいえば、話頭の参究によって痛快な実悟を得んとする大慧流の看話禅の復活であった。かくて明治以後、大慧―白隠の看話禅を祖型としつつ、日本近代の禅の言説が形成され、それがさらに西洋にも発信されていったのである（道元の哲学的な研究が行われるようになるのは、その動向につづいてのことであった）。

漱石が鎌倉円覚寺で釈宗演について参禅したことは、プロローグでふれた。その際の経験が小説『門』に投影されていることも、周知のところであろう。その漱石が明治四〇年（一九〇七）の秋に熟読したという『禅門法語集《ぜんもんほうごしゅう》』の扉裏には、次のような書き込みがのこされている。

禅家《ぜんけ》の要ハ大ナル疑《うたがい》ヲ起シテ我《われ》ハ是何物《これなにもの》と日夕《にっせき》刻々討究《とうきゅう》スルニアルガ如《ごと》シ。我《われ》ハ是《これ》何物《なにもの》ト疑ツテ寝食《しんしょく》ヲ廃《はい》スル者ハ西洋ニモアルベキ道理ナリ。真ニ逢着《ほうじゃく》セント欲《ほっ》スル者ハ皆《みな》多少此疑《うたがい》ヲ抱《いだ》クガ故《ゆえ》ニ求真ノ念切実《せつじつ》ナル泰西《たいせい》ノ学者ハ皆《みな》コ、ニ懸命ナル精彩《せいさい》ヲ着《ちゃく》スベキ筈《はず》ナリ。然ルニ希臘《〔ギリシア〕》以来未《いま》ダ嘗《かつ》テ我ハ悟ツタト吹聴《ふいちょう》シタル者ヲキカズ。怪《あや》シムベシ。

要スルニ非常ニ疑深《うたがいぶか》キ性質ニ生《うま》レタル者ニアラネバ悟レヌ者トアキラメルヨリ致方《いたしかた》ナシ。従《したが》ツテ隻手ノ声、柏樹子、麻三斤悉《ことごと》ク珍分漢《ちんぷんかん》ノ囈語《たわごと》ト見ルヨリ外ニ致《いた》シ方《かた》ナシ。珍重《ちんちょう》

（『漱石全集』第二七巻、岩波書店、一九九七年、頁四一八。傍点とふりがなは引用者）

最後の「珍重《ちんちょう》」はもと「体を大切に」という挨拶語だが、禅門では、老師の説法のしめくくりに「以上、これまで」という意で用いられる。いかめしい老師の口調を真似ることでいくらか諧謔の気味を添えながら、禅の開悟への懐疑と失望を正直に書き記した一段である。

ここでは「隻手の声」「柏樹子」「麻三斤」などの公案が「ことごとくチンプンカンの囈語《たわごと》」と断ぜられている。これはきわめて否定的な表現ながら、看話禅における「活句」の特質を裏返しに言い当てたものと言ってよい。かくして大悟は断念されたものの、右の書き込みの前年に発表された『草枕』のなかの次の一段などは、禅の「活句」に親しんだ経験が創作に活かされたものとは言えまいか。

> 近寄って見ると大きな覇王樹《サボテン》である。高さは七、八尺もあろう、糸瓜《へちま》ほどな青い黄瓜《きゅうり》を、杓子《しゃもじ》のように圧《お》しひしゃげて、柄《え》の方を下に、上へ上へと継ぎ合せたように見える。あの杓子がいくつ継《つな》がったら、御しまいになるのか分らない。今夜のうちにも廂を突き破って、屋根瓦の上まで出そうだ。あの杓子が出来る時には、何でも不意に、どこからか出て来て、ぴしゃりと飛び付くに違いない。古い杓子が新しい小杓子を生んで、その小杓子が長い年月《としつき》のうちに段々大きくなるようには思われない。杓子と杓子の連続が如何《いか》にも突飛《とっぴ》である。こんな滑稽《こっけい》な樹《き》はたんとあるまい。しかも澄ましたものだ。如何なるこれ仏《ぶつ》と問われて、庭前の柏樹子《はくじゅし》と答えた僧があるよしだが、もし同様の問《とい》に接した場合には、余は一も二もなく、月下の覇王樹《はおうじゅ》と応《こた》えるであろう。
>
> （岩波文庫、頁一三八）

緑色の卓球のラケットを瞬間接着剤でちぐはぐな感じに継ぎ足していったようなサボテ

ン、そんな絵を思い浮かべればよかろうか。見慣れない植物の姿を、形の珍しさや異国情緒などの印象に還元せず、時間的な経緯と論理的な脈絡を切断した不可解で唐突な無機物——いわば現代芸術のオブジェのような——として描写している眼が面白い。「美を生命とする俳句的小説」(「余が『草枕』」)と自ら語るこの作品において、「柏樹子」が右のような描写の引き合いに出されているのは、決して偶然でないように思われる。

さて『草枕』と禅のちなみから思い出されるのが、夭折の天才哲学者、前田利鎌《とがま》である。利鎌は、明治三一年(一八九八)熊本は湯ノ浦の生まれで、父、前田案山子は第五高等学校時代の漱石と親交があった。『草枕』は、湯ノ浦の前田家での滞在経験にもとづき、女主人公「那美さん」は利鎌の実姉卓子がモデルともいわれている。利鎌は上京して一高から東京帝大哲学科に進んだが、姉の紹介で早くから夏目家に出入りし、かたわら岡夢堂なる居士について参禅をつづけ、昭和四年(一九二九)には論文集『臨済・荘子』を出版した。しかし、利鎌はその二年後、惜しくも腸チフスのため三二歳の若さを以って急逝する。その死の翌年、『臨済・荘子』に他の文章を併せて『宗教的人間』を編み、それを岩波書店から出版したのは、漱石の女婿、松岡譲《まつおかゆずる》であった。

『臨済・荘子』のなかで、利鎌は「柏樹子」について、次のように説いている。

　勿論、概念以前の世界に躍入せんとする禅門にあっても、その第一義の表現として、時に言句《ごんく》を用いないではないが、その言句たるや決して単なる概念的のものではない。

> その言句そのものが、已に具体的な体験そのもの、生命そのものである。例えば祖師西来の意如何《いかん》と問われて、趙州《じょうしゅう》がただ一句——庭前ノ栢樹子と切り返した時、それは決して庭前に栢樹子があるという意味でもなければ、栢樹子にも仏性があるというのでもない。ただこれ「庭前ノ栢樹子」である。そしてこの一声が、その刹那《せつな》の趙州の全生活である。というよりも、個我としての趙州さえも消えてしまった純体験——換言すれば心身《〔ママ〕》脱落の端的である。それは一種の言説でもなければ、それかといって一種の沈黙でもない。むしろ語黙を止揚した体験そのものである。
>
> （『臨済・荘子』岩波文庫、一九九〇年、頁三二。傍点は引用者）

「柏樹子」はいかなる有意味な解釈とも無縁の「ただ」の一句であり、「体験そのもの、生命そのもの」であるという。これも字義や語脈から超絶した絶待の一語、すなわち「活句」として「柏樹子」を看たもので、用語や文体は近代的であるものの、大慧の所説との一致は一見して明らかであろう。著者の名を伏せ、大慧の書簡の現代ふうの翻訳と称して掲げても、そのまま通用しそうな一文である。『臨済・荘子』が出たとき、漱石はすでに世を去って久しい。だが、もしこの一段を読む機会があったとしたら、漱石は利鎌に何と言っただろうか。何の根拠があるわけでもないが、私にはなんとなく「要するにチンプンカンの囈語《たわごと》ということだネ」、そう機嫌よく笑う書斎の漱石先生が思いうかぶ。

鈴木大拙

漱石と同じく釈宗演について禅に参じた鈴木大拙は、大量の英文著作によって禅を西洋社会にひろめた人として、あまりにも名高い。そうした著作のなかで *An Introduction to Zen Buddhism*（1934）は『禅と日本文化』などと並んで内外で最もよく読まれたものの一つであろうが、その“VIII The Koan”の章では「隻手（one hand）」と「庭前の柏樹子（the cypress tree in the courtyard）」を紹介したうえで次のような説明が展開されている。時代の気分を想像するよすがとして、今はこの書の最も早い日訳である豊田義道訳『禅の真髄』から引いてみよう（大雄閣、一九三三年。原著より発行年が早いのは、単行本になる前に初載の雑誌から翻訳されたため）。

> 抽象的に云ふならば、是等《これら》の公案《こうあん》は常識的見地からしても、全然不合理のものではなく、之を論究すれば惟《おも》ふに尚《な》ほ論理的に多少の余地を存するものであるとも見られやう。例へば、白隠《はくいん》の隻手《せきしゅ》を以て宇宙、或は絶対性の一物を表象し、又は趙州《じょうしゅう》の柏樹子《はくじゅし》を以て崇高な教義の具体的表現となし、これを以て仏教の万有神教的傾向を認め得るものであると思ふ者もあるかも知れないが、公案を斯《か》く智的に理解することは禅ではなく、斯《こ》うした哲理的象徴などは全然存在しないのである。……柏樹子は永久にそのままの柏樹子であつて、汎神論、或は其他の「論」なるものと何等《なんら》の係《かかわ》りはないのである。
>
> （頁一四七。傍点とふりがなは引用者）

公案は謎語《めいご》でもなければ、又頓智《とんち》の言でもない。それは断然たる目的を持つものであつて、疑念を喚起し、それを極端に迄《まで》誰も推し進めて行くものである。論理的基礎に築かれたる提言は、唯だ論理的意義を通じてのみ理解し得るもので、之に関する疑問、或は難問は、凡《すべ》て思想の自然の流れを追求し行けば、自《おのずか》ら解決に達し得るものである。河流が凡《すべ》て大海に注ぐことは言を俟《ま》たない。然《しか》し公案はその中途に立てる鉄壁である。そして之を乗越《のりこ》さうとする人の懸命な智的努力を圧伏し去らうと脅威する。趙州が「庭前の柏樹子」と唱へたとき、白隠が隻手を突き出す時、その意義を闡明すべき論理的方法はないのである。吾々は恰《あたか》も自分の思想の進行が突然中断されるかに感じ、全然通過不能と見える此《この》鉄壁を打破せんとして、此《この》困惑に当面して気を苛立《いらだ》てるのである。斯る極点に到達すれば、人の全個性、即ち内的意志、胸中深く秘められた性格根本の力は決然として起ち上り、停頓の現状を決裂させせんとする、心中にはアレ、コレの区別なく、自愛の心も自己犠牲の考もなく、短刀〔ママ〕直入に、全力を尽《つ》くして此《この》公案の鉄壁に向つて突進して行くのである。斯《か》く公案に対して捨身《すてみ》にぶつかることは、意想外にも従来意識されなかつた、心中の一部分と思はれたところを開くのである。

（頁一五一。傍点とふりがなは引用者）

理屈ではないということを理を尽くして説いていて、さすがに圧倒的力量を具えた文章という感じがする。だが、傍点にそって、疑念の喚起↓論理的方法の絶無↓思考の進行の突然の中断↓極点への到達↓停頓の現状の決裂、とたどってゆくならば、朱子が批判的に要約していた看話禅の方式ともよく合致し、右の所説が表現の現代性にもかかわらず、内容的には大慧の説の忠実な祖述であることが知られよう。大拙自身はこの後、公案の作為性・不自然性への批判を強め、江戸時代の禅僧盤珪《ばんけい》や民間の浄土信者妙好人《みょうこうにん》の説を素材として「このまま」「そのまま」の世界を重んずるようになってゆく。だが、それ以前に書かれた右の *An Introduction to Zen Buddhism* は現在でも英文原著の改版や増刷が重ねられているだけでなく、独・仏・中その他の各国語訳があり、日文だけでもさきの豊田訳とは異なる三種の翻訳が今日も書店で売られている。大拙個人の思想の変遷とは別に、右のような公案観は、今日でも禅に関心をもつ人々のあいだで世界的にひろく共有されているものと想像してよいであろう（大拙自身の思想については、エピローグであらためてとりあげる）。

「おとっちゃんっ　電気掃除機あるよっ」

かくして、唐代禅の原義とは異なった宋代禅的な「柏樹子」の理解が、近代の禅言説のなかに脈々とうけつがれて今日にまで至っている。一見とっぴょうしもなく見える次の一段も、「柏樹子」が「活句」の代名詞であることを押さえて読めば、思い半ばに過ぐるものがあろう。西田幾多郎の門下から禅門に身を投じ、本格の師家《しけ》となった森本省念《もりもとしょうねん》（一八八九―一九八四）のことばである。

ある奥さんがな、毎晩四国の旦那さんの処へ遠距離電話かけなはる。ついでに小さなぼんぼんを電話口へ抱き上げて、そらお父さんや、何か言いなはれ言うんや。ぼんぼん「おとっちゃん」いうて、あともう何も言うことあらへん。母親は、一通話切れる、さあ、早う何か言いなはれ言いなはれと催促しますがな。ぼんぼん困ってな。「おとっちゃんっ、電気掃除機あるよっ。」狭い家やよって、電話室に掃除機ほうりこんでありますんやな。そら、これ「庭前の柏樹子」と違いまっしゃろか。

（『禅――森本省念の世界』春秋社、一九八四年、頁一三七）

第Ⅱ部　『臨済録』導読——作品世界を読む

第一章　臨済の説法

『臨済録』とは

第I部では、唐代禅から宋代禅への転換を提示し、かつ近代の禅理解――明治以後の知識人に受容され、そこから欧米社会に輸出された禅理解――が宋代禅を起点とし、その前の唐代の禅とは断絶したものであったことを考察した。ここでいまいちどプロローグを振り返っていただければ、入矢義高の禅籍研究が、宋代禅を基に構築された「近代」的禅理解の壁をのりこえて、唐代禅の「本来面目」を回復するものであったことが理解されよう。第II部ではこれにつづき、『臨済録《りんざいろく》』によって唐代禅の活きた姿をうかがってみたい。

といっても『臨済録』にも文献としての複雑な形成と変遷の過程があり、今日我々が『臨済録』の名で手にする書物は、すでに宋代の禅門で再編されたものでしかない。それに、そもそも、『臨済録』一書を以って、どこまで唐代禅一般を代表させうるかということも問題であろう。だが、敦煌《とんこう》文献や一部の古写本をのぞけば、今日、我々が目にし得る禅籍で宋代以後の整理と完全に無縁のものはほとんど存在せず（それ以前の古い内容や文字が伝えられていないということではない。ただ、見たり触ったりできる現物としての書物は、みな宋代の版本以後のものだということである）、また書物を通して見ることができるのは、様々な個性を横溢させた個々の禅者の言行のみであって、唐代禅一般というものがどこかに書いてあるわけでもない。そうしたなかで『臨済録』が唐代禅の精神と気風をよく伝える書物のひとつであることは疑いなく、さらに現時点において、『臨済録』ほど先行の解読成果が蓄積されている禅籍が他に求めがたいことも事実である。そこでここでは、数多い唐代の禅者の言行のなかの精彩ある具体例の一つとして、また現在の研究水準において責任ある紹介の可能な数少ない禅籍の一つとして、ここに『臨済録』の選読を試みようとする次第である。

『臨済録』に関する書物には、しばしばこれを「録中の王」と称する紹介が見受けられる。だが、それは白隠《はくいん》の弟子、東嶺円慈《とうれいえんじ》の『五家参詳要路門《ごけさんしょうようろもん》』の語であって、その評価には臨済宗の宗祖の語録としての『臨済録』という前提がある。むろん、そうした立場もあって然るべきだが、ここで読んでみようとするのは、そうした臨済宗の聖典としての『臨済録』でなく、あくまでも唐代禅の文献の一例としての『臨済録』に外ならない。

『臨済録』は唐末の僧、臨済義玄《ぎげん》（？—八六六または八六七）の語録である。臨済の言行をまとまった形で伝える文献は、ごく大まかに言えば、次の三段階に分けられる。

(1)『祖堂集《そどうしゅう》』（九五二年）、『宗鏡録《すぎょうろく》』（九六一年）、および『景徳伝灯録《けいとくでんとうろく》』（一〇〇四年）巻二八、の三書に引かれる臨済の説法記録。五代の時代の比較的古い伝承を記録していて貴重であるが、分量は少ない。

(2)宋初に編まれた『臨済録』。現存のものでは宋版『天聖広灯録《てんしょうこうとうろく》』の臨済章に収められたものが最も古く、元版・明版の『四家《しけ》語録』に収められる『臨済録』も基本的にこれと一致する。

⑶北宋末の宣和《せんな》二年（一一二〇）、福州鼓山《くざん》の円覚宗演《えんがくそうえん》によって再編された『臨済録』。のちに『臨済録』の名で単行されている書物は、すべてこれに起源をもつ。『景徳伝灯録』などから八条の追加があることと個別の文字の異同があることを除けば、本文は⑵とおおむね共通であるが、全体の構成が大きく改められている。概して言えば⑵が臨済の伝記に沿った配列をとるのに対し、⑶は臨済院での説法を中心とした構成となっている。

以下、本書では、『臨済録』からいくつかの段落を選び出し、それを独自の順序に従って紹介してゆくので、⑵と⑶の構成の差はさほど問題にならない。そこで今は入矢の訳注にかかる岩波文庫本（一九八九年／本文は⑶の系統に属する流布本）を底本とし、⑶のみにあって⑵に無い段落——すなわち⑶の段階で新たに加えられた段落——は原則として除きながら、『臨済録』の言葉を選読してみることにしたい。引用の句読・訓読および訳解は、最終的にはすべて自分の責任で作成したものを掲げるが、内容の理解については、入矢訳および左記の先行研究に多くを負うており、衣川賢次《きぬがわけんじ》（花園大学教授）から直接指教を受けた点も少なくない（以下、入矢訳・岩波文庫本『臨済録』を《文庫》と略し、本文のあとにその頁数を記す。また、⑵の段階の本文を参照する便宜のため、左記の中公クラシックス版・柳田訳の段数を〔一〕〔二〕…の形で付記する）。

柳田聖山《やなぎだせいざん》『臨済録』（大蔵出版、仏典講座三〇、一九七二年／⑶の段階の大正大蔵経本を底本とした本文を収録）

柳田聖山『臨済録』（中央公論新社、中公クラシックスＥ一〇、二〇〇四年／⑵の段階に属する元版『四家語録』本を底本とした本文を収録）

入矢義高「臨済録雑感」「禅語つれづれ」（『求道と悦楽――中国の禅と詩』岩波書店、一九八三年）

衣川賢次「臨済録札記」（『禅文化研究所紀要』一五、一九八八年）

衣川賢次「書評　入矢義高訳注『臨済録』」（『花園大学研究紀要』二一、一九九〇年）

衣川賢次「『景徳伝灯録』巻十二・臨済義玄禅師章訓注」（入矢監修・景徳伝灯録研究会編『景徳伝灯録』第四冊、禅文化研究所、一九九七年）

入矢は《文庫》の「解説」のおわりに「現代のわれわれは、『臨済録』をもっと率直かつ自由に読んでよい。〝もっと〟とは、〝この改版での扱いよりももっと〟という意味でもある」と言っている。入矢は我々が自力で自らの読みを追求するよう励ましているのであり、と同時に、我々が入矢の訳解を「軟暖処《なんだんしょ》――ほんわかと居心地のよい安住の場所」（もと『趙州録』の語）にすることを、あらかじめ厳しく禁止してもいるのである。

鎮州臨済院

では、『臨済録』本文の選読に入ってゆきたいが、そもそも「臨済」とは義玄が住持した小院の名で、河北の鎮州城《ちんしゅうじょう》東南隅にあり、滹沱河《こだが》の渡し場に臨んでいたことからこう名づけられたと伝えられる。中国の僧侶の姓はみな「釈」なので、禅僧の場合、住持した寺院の寺名や山名を姓のかわりに冠して呼ぶことが多い。たとえば、趙州観音院に住したので趙州従《じゅう》諗《しん》、五祖山に住したので五祖法演という具合である。

唐中期の安史《あんし》の乱（七五五―七六三年）以後、藩鎮《はんちん》とよばれる軍閥政権が各地に割拠したことは周知のとおりである。とりわけ黄河以北の地は朝廷の意の及ばぬ独立王国の様相を呈し、わが円仁《えんにん》の『入唐求法巡礼行記《にっとうぐほうじゅんれいこうき》』会昌《かいしょう》五年（八四五）一一月三日の条には、唐末の武宗《ぶそう》による「会昌の破仏」（八四二―八四五年）さえこの地に行われなかったことが、次のように書き記されている。

三、四年已来、天下の州県が勅に准じて条流したる僧尼は、還俗して已《すで》に尽く。又天下は仏堂・蘭若《ランニャ》〔精舎《しょうじゃ》〕・寺舎等を毀拆して已に尽く。又天下は経像、僧服等を焚焼して罄《つ》き尽くす。又天下の仏身上〔仏像表面〕の金を剥《は》ぐことは已に畢《おわ》る。天下の銅鉄仏を打砕して斤量を称《はか》り、収検し訖《おわ》る。……唯黄河已北の鎮・幽《ゆう》・魏《ぎ》・潞《ろ》等の四節度は元来仏教を敬重す。〔寺〕舎を拆せず、僧尼を条流せず。仏法の事は一切之《これ》を動《ゆるが》せにせず。頻《しき》りに勅使あって勘《しら》べ罰せしむるに、云わく、「天子自ら来たって毀拆、焚焼せば、即ち然るべきなり。臣等は此の事を作《な》す能わず」と。（足立喜六訳注・塩入良道補注『入唐求法巡礼行記』二、平凡社東洋文庫、一九八五年、頁二九九。〔　〕内も同書の補記）

寺院が破壊され、経典・仏像・僧衣などがことごとく火に投じられ、多くの僧尼が強制的に還俗《げんぞく》させられた。そうした容赦のない破仏の嵐が中国全土に吹き荒れるなか、黄河以北の鎮州成徳軍節度使、幽州盧竜節度使、魏州天雄軍（魏博軍）節度使、潞州昭義軍節度使の四つの藩鎮だけが中央の命にしたがわず、あまつさえ破仏の徹底を促す勅使に対して「破仏を行いたければ、天子おん自ら出向いて来られるがよろしかろう」、そうニべもなく突っぱねたというのである。臨済が禅者として一家を成した鎮州は、正にそうした武人政権下の地であった（このような時代背景は柳田聖山「唐末五代の河北地方に於ける禅宗興起の歴史的社会的事情について」『日本仏教学会年報』二五、一九六〇年で明らかにされ、同『臨済ノート』春秋社、一九七一年等でも再説されている）。

第二章　事《じ》已《や》むを得ず──臨済院の説法

では、《文庫》に従って、まず冒頭の一段を読んでみよう。鎮州成徳軍節度使を世襲した王氏一族のひとり「府《ふ》主王常侍《しゅおうじょうじ》」なる人物の招請による、臨済院での説法である。現行『臨済録』、すなわちさきにいう(3)の諸本では、臨済院に住持して最初の説法、つまり臨済院での開堂《かいどう》の説法として巻頭に置かれており、一書の導入の役割が与えられているようである。すこし長いので《文庫》にしたがって二つに分けて読むことにする。

開堂の説法

府主王常侍、与諸官請師陞座。師上堂云、「山僧今日事不獲已、曲順人情方登此座。若約祖宗門下称揚大事、直是開口不得、無你措足処。山僧此日以常侍堅請、那隠綱宗。還有作家戦将直下展陣開旗麼？　対衆証拠看！」　僧問、「如何是仏法大意？」　師便喝。僧礼拝。師云、「這箇師僧却堪持論」。問、「師唱誰家曲、宗風嗣阿誰？」　師云、「我在黄檗処、三度発問、三度被打」。僧擬議、師便喝。随後打云、「不可向虚空裏釘橛去也」。

（《文庫》頁一五／〔二六〕）

府《ふ》主王常侍《しゅおうじょうじ》、諸官と師〔臨済〕を請《しょう》じて陞座《しんぞ》せしむ。師上堂して云く、「山僧《われ》、今日、事として已《や》むを獲《え》ず、曲げて人情に順《したが》って方《はじ》めて此の座に登る。若《も》し祖宗門下に約して大事を称揚せば、直是《じき》に口を開き得ず、你《なんじ》の足を措《お》く処《ところ》無けん。山僧、此の日、常侍の堅く請ずるを以って、那《なん》ぞ綱宗《こうじゅう》を隠さん。還《は》た作家《さっけ》の戦将の直下《じきげ》に陣を展《の》べ旗を開くもの有り麼《や》？　衆《しゅ》に対して証拠《しょうこ》し看よ！」　僧問う、「如何なるか是れ仏法の大意？」　師便《すなわ》ち喝《かつ》す。僧礼拝《らいはい》す。師云く、「這箇《こ》の師僧、却《かえ》って持論するに堪《た》えたり」。問う、「師、誰《た》が家《や》の曲をか唱《うた》い、宗風、阿誰《たれ》にか嗣《つ》ぐ？」　師云く、「我れ黄檗《おうばく》の処に在《おい》て、三度《みたび》問いを発し三度《みたび》打たる」。僧、議せんと擬《ほっ》するや、師便ち喝す。随後《すぐのち》に打ちて云く、「虚空裏《こくうり》に向《おい》て釘橛《ていけつ》し去る可《べ》からず」。

府のかしら、王常侍が、配下の諸官とともに臨済禅師に説法を請うた。師は法堂《はっとう》にのぼって説く、「わしは今日、致し方ない次第で、曲げて世俗の習いに従い、この座についた。もし禅門の本筋に立って第一義を表すならば、まさに口を開こうにも開けず、汝らがここに立ってそれを聴く余地とて無いところである。だが、本日は、常侍どののたっての要請、根本の宗旨を秘匿するわけにもまいるまい。さあ、ここでただちに戦陣を展開して、一戦を挑もうという辣腕の禅者はおるか！　おれば、その手腕を大衆の前で証明してみるがよい」。

そこで一人の僧が問う、「仏法の根本義とは、如何なるものにございましょう」。師はただちに一喝した。僧は黙って礼拝する。師、「ふむ、この坊さん、意外と問答の相手がつとまるわい」。

さらに一人の僧が問う、「師はいずれの流儀の調べを歌い、どのお方の宗旨を受け継いでおられます」。師、「わしは黄檗老師のもとで、三たび問いを発し、三たび打ちすえられた」。そこで僧が何かを言おうとしたところ、師はすかさず一喝した。そしてすぐに打ちすえていわく、「虚空に杭を打ってはならぬ！」


「府主王常侍《ふしゅおうじょうじ》」のことは詳しく分からないが、臨済晩年の約十年間（八五七—八六六年）、成徳軍節度使で「鎮州大都督府長史《ちんしゅうだいととくふちょうし》」であった王紹懿《おうしょうい》という人物の可能性が、最も高い（前掲、柳田「唐末五代の河北地方に於ける禅宗興起の歴史的社会的事情について」による／また郁賢皓『唐刺史考全編』三－頁一四八七、安徽大学出版社、二〇〇〇年、参照）。

その「王常侍」の要請に応じて説法の座についた臨済だが、しかし、禅門の本義からすれば、第一義はコトバによって説明されるべきものではない。それを敢えて云々しようとすることは、無相なる虚空に杭を打ち込むような所業でしかない。それゆえ師の一喝に無言の礼拝で引き下がった僧はむしろ賞せられ、議論を重ねようとした僧は、痛打によって問題を発問以前のところに突き返されてしまったのであった。「擬議」は《文庫》で「もたついた」と訳され、そこで断句されているが、実際は下の句と連動して「擬～便…（～しようとしたところ、すかさず…）」という緊密な呼応関係を表す句型である（衣川「書評」頁一四二）。僧は発言した上で打たれたのではなく、発言しようとした瞬間に、もう一喝され、棒でしたたかに打たれてしまったのであった。

つぎに経論の講義を専門とする「座主《ざす》」が出てきて詰問する。

有座主問、「三乗十二分教、豈不是明仏性？」　師云、「荒草不曾鋤」。主云、「仏豈賺人也？」　師云、「仏在什麼処？」　主無語。師云、「対常侍前擬瞞老僧。速退！　速退！　妨他別人請問」。復云、「此日法筵為一大事故。更有問話者麼？　速致問来。你纔開口、早勿交渉也。何以如此？　不見釈尊云〝法離文字、不属因不在縁故〟。為你信不及、所以今日葛藤、恐滞常侍与諸官員昧他仏性。不如且退」。喝一喝云、「少信根人、終無了日。久立珍重」。　（《文庫》頁一七／〔二六〕）

座主《ざす》有りて問う、「三乗十二分教《さんじょうじゅうにぶんきょう》、豈《あ》に仏性を明かすに不是《あらざる》や？」　師云く、「荒草《こうそう》、曾《かつ》て鋤《す》かず」。主云く、「仏豈《あ》に人を賺《すか》さん也《や》？」　師云く、「仏、什麼処《いずく》にか在る？」　主無語。師云く、「常侍の前に対《むか》いて老僧《われ》を瞞《あざむ》かんと擬《ほっ》す。速《はよ》う退《さが》れ！　速《はよ》う退《さが》れ！　他《か》の別人の請問《とい》を妨《さまた》ぐ」。復《ま》た云く、「此の日の法筵《ほうえん》は一大事の為の故なり。更に問話《もんな》する者《もの》有り麼《や》？　速《すみや》かに問を致し来れ。你《なんじ》、纔《わず》かに口を開くや、早《は》や勿交渉《もっきょうしょう》ならん。何を以ってか如此《かくのごとく》なる？　不見《みず》や釈尊云く〝法は文字を離れ、因に属さず縁に在らざるが故に〟と。你《なんじ》らの信不及《しんじきれざ》るが為に、所以《ゆえ》に今日葛藤《ことあげ》せるも、恐らくは常侍と諸官員に滞《わざわい》して他《かれ》らの仏性を昧《くら》まさん。如《し》かず、且《しば》らく退《さが》らんには」。喝一喝して云く、「信根《しんこん》を少《か》ける人、終《つい》に了日《りょうじつ》無からん。久立《きゅうりゅう》、珍重《ちんちょう》」。

座主、「しかし、そうは言っても、仏が説かれたコトバとして、現に種々の経典が遺されておる。それらはまさに仏性を明らかにするものではござらぬか」。「わしは雑草を鋤《す》いたことなどない（煩悩を除いて仏性を明かすという経論の説は、所詮、第一義ではありえない）」。座主、「だが、仏が人を欺くはずはあるまい」。師、「なら、その仏とやらは何処におる！」座主は黙り込むほかなかった。

師は言う、「常侍どのの目の前で、このわしを誤魔化そうとするか。さあ、さっさと下がれ。他の者の質問の邪魔である」。

そして、さらに言う、「本日の法会は（『法華経』にいう）一大事因縁の為に外ならぬ。ほかに質問しようという者はおるか。おれば、さっさと問いを出すがよい。だが、お前が口を開いたそのとたん、すでに的外れとなるであろう。なぜか。お釈迦さまも言うておられる、〝法はコトバを離れ、因にも縁にも関わらぬものである〟と（『楞伽経《りょうがきょう》』の句と『維摩経《ゆいまきょう》』の句を合成した語）。

お前たちが信じきれずにおるために、わしは今日こうして無用の言句を弄してしまった。恐らくは、そのせいで、常侍どのや配下の諸士を巻き添えにし、却ってご自身の仏性を見えなくさせてしまったのではあるまいか。となれば、わしもこのあたりで、ひとまず引き下がるのがよろしかろう」。

かくて師は、大喝一声してしめくくった、「信念を欠く者には、永遠に決着の日はおとずれぬ。ながらく立ちどおしで、ご苦労であった。以上」。

荒草《こうそう》曾《かつ》て鋤《す》かず

これが臨済院の開堂説法の一段——厳密にいえば現行の『臨済録』で開堂の説法とされている一段——である。右の「荒草《こうそう》、曾《かつ》て鋤《す》かず」の一句について、入矢は《文庫》の「解説」で次のように書いている。訳解の方式として「複数の解釈が可能な場合に敢えて一解だけを示すにとどめた例」もあるという説明の一文である。

この後者の一例を挙げれば、「荒草曾《か》つて鋤《す》かず」（一七頁）については注をはぶいて、「（そのような道具では）無明《むみよう》の荒草は鋤き返されはせぬ」という訳文で示しておいた。しかし、これの主語を私（臨済その人）と取ると、趣旨は忽ち一変して、「私は無明の煩悩を除いたことはない」という意になり、まさに永嘉《ようか》大師の「証道歌」にいう「妄想をも除かず、真をも求めず、無明の実性こそは即ち仏性」という趣旨と一致して、相手の教条的な仏性観を一気に砕き去ることになる。それは馬祖の言った「善をも取らず、悪をも捨てず」とも通底する。この理解のしかたは十分に成立可能だし、魅力的でさえある。徳山縁密《とくさんえんみつ》も「仏とは何か」と問われて、「満目《まんもく》の荒榛《こうしん》」と答えている（『伝灯録』二二）。しかしこの解を私が見送ることにしたのは、質問者の問題意識が初めから低次元である以上、それに対応する臨済の答えは、右のような高次のものであっては相手に通じないと考えたからである。臨済は自在に相手の機に応じ相手の場に下り立った対し方をする人でもあった。　（頁二二九）

入矢のかかる判断にもかかわらず、ここでは敢えて、入矢の見送ったほうの解釈にしたがった。というより、「魅力的」な解釈のほうをどうしても捨てることができなかった。説法といっても、この一段で、臨済は自分のほうからの立言を一切行っていない。聴き手の側から提出される議論の端緒を、展開のいとまを与えず、次々に断ち切ってゆくだけである。だが、それは、粗暴な気魄や、恐れを知らぬ気概を誇示するためでは決してない。臨済は、これによって、発問以前のある一点への確信に、問者を立ち返らせようとしているのである。「荒草、曾《かつ》て鋤《す》かず」の一句も、おそらく、その例外ではない。この一句は、相手の問いの低調に応じた低次の答えであるよりは、やはり、留保も制約もなく、その信ずべき一点を断固として非妥協的に言い切ったもの、そう看るべきだと思うのである。

第三章　傍家波波地《ぼうけははじ》——自らを信じきれぬ者たち

頭《こうべ》を捨てて頭《こうべ》を覓《もと》む——わが顔はいずこ

では経典に記された仏説さえもが門前払いにされる、その信ずべき一点とは何なのか。臨済は門下の僧たちに——そしてそれを読む我々に——いったい何を信じきれと迫っているのか。

その答えを『臨済録』から見出すことは、さして難しいことではない。『臨済録』一書にそのことが、くり返し明言されているからである。さきの開堂説法にも見えていた「信不及《しんふぎゅう》——信じ及《き》れぬ」という語が、その手がかりになる。臨済はいう——

道流、大丈夫児、今日方知本来無事。祇為你信不及、念念馳求、捨頭覓頭、自不能歇。

（《文庫》頁五六／〔四二〕）

道流《どうる》、大丈夫児《だいじょうぶじ》、今日方《はじ》めて知る、本来無事なることを。祇《た》だ你《なんじ》の信不及なるが為に、念念に馳求《ちぐ》して、頭《こうべ》を捨てて頭《こうべ》を覓《もと》め、自ら歇《や》む能《あた》わざるのみ。

諸君（「道流」は道の仲間の意で、大衆へのよびかけ）、れっきとした一箇の男児として、ここで始めて、「本来無事《ぶじ》——もともと、なにも余計なことは無い」と知ったはずである。ただ、お前たちが「信不及」であるために、いつも外に駆けずり回り、己《おの》れの頭を忘れて己れの頭を捜し求め、自分でそれを止めることができずにいるだけなのである。

「頭《こうべ》を捨てて頭《こうべ》を覓《もと》む（捨頭覓頭）」は『首楞厳経《しゅりょうごんきょう》』巻四の故事にもとづく語で、「頭《こうべ》を将《も》って頭《こうべ》を覓《もと》む（将頭覓頭）」ともいう。演若達多《えんにゃだった》という美男子が、ある朝、自分の眉目秀麗なる顔が鏡のなかだけにあって、直には見えないことから、魑魅魍魎のしわざと恐れて狂奔したという話である（大正一九−一二一中）。得るべきものは当の自分なのだから、自分の外にそれを捜し求めても、決して得られるはずがない。そうした趣旨の喩えで、似た意味の成語に「牛に騎《の》って牛を覓《もと》む（騎牛覓牛）」というのもある。

右の一文に見える「無事」「信不及」「馳求」はいずれも臨済愛用の語で、『臨済録』の随処に見える。修行者は自らの「信不及」のために、当の自分の頭でもって自分の頭を外に「馳求」し、際限のない迷妄に陥る。だが、それをさえ止めてみれば、そこにはもともと何の過不足もない「本来無事」の自己があるのである、と。

臨済が信じきれと言う一点、それはつまり、本来なんの過不足のない、このあるがままの自己のことに外ならない。

即心是仏《そくしんぜぶつ》――おのれの心こそ仏

このことは馬祖や黄檗の説法にも、つとに明確に説かれている。まず「何《いか》なる見解《けんげ》を作《な》さば、即ち〝道〟に達するを得ん」という問いに、馬祖は次のように答えている。

自性本来具足。但於善悪事中不滞、喚作修道人。取善捨悪、観空入定、即属造作。更若向外馳求、転疎転遠。……（『馬祖の語録』頁二四）

自性《じしょう》は本来具足《ぐそく》す。但《た》だ善悪事中に於て滞《とどこお》らざるをば、喚《よ》びて修道《しゅどう》の人と作《な》す。善を取り悪を捨て、空を観じ、定《じょう》に入るは、即ち造作《ぞうさ》に属す。更に若《も》し外に向いて馳求せば、転《うた》た疎にして転《うた》た遠し。……

馬祖は言う、自己の本性はもともと十全に「道」を具えている。だから善悪の次元にとどまりさえしなければ、それだけで「道を修める人」と称されるのである（「但～」は、ただ～しさえすれば）。善を取り悪を捨て、空を観想して禅定《ぜんじょう》に入るのは、「道」に作為を加えることにほかならない。そのうえ已れの外に「馳求」すれば、ますます「道」から疎遠になるばかりである、と。そもそも自身が「道」と一つなのだから、それを客体として求めようとする行為は、却って自身と「道」を二つに分け、隔たりを広げてゆく倒錯にしかなりえない、というわけである。

この馬祖の弟子のひとりに「一日作《な》さざれば、一日食らわず」の語で有名な百丈懐海《ひゃくじょうえかい》があり、臨済の師、黄檗《おうばく》はその百丈の法嗣《はっす》（師の法をついだ弟子、法のうえの後継ぎ）である。つまり黄檗は馬祖の孫弟子にあたるわけだが、彼も馬祖の「即心是仏」の語について次のように説いている。「即心是仏」の「心」とは凡心か聖心かという問いに答えたものである。

汝但除却凡情聖境、心外更無別仏。祖師西来、直指一切人全体是仏。汝今不識、執凡執聖、向外馳騁、還自迷心。所以向汝道「即心是仏」。

（入矢『伝心法要・宛陵録』禅の語録八、筑摩書房、一九六九年、頁六七）

汝ら但《た》だ凡情《ぼんじょう》聖境《しょうきょう》をさえ除却《のぞき》らば、心の外に更に別の仏無し。祖師《そし》西来《せいらい》して、一切人の全体是れ仏なることを直指《じきし》す。汝ら今《いま》識らず、凡に執し聖に執して、外に向いて馳騁《はせまわ》り、還《かえ》自って心を迷《みうしな》う。所以《ゆえ》に汝らに向いて道《い》う、「即心是仏」と。

ただ凡とか聖とかいう分別をさえ除き去れば、この心のほかに別の仏が有るわけではない。祖師達磨は西来して、何びともその全体まるごとが仏であると直指せられた。にもかかわらず、汝らはその点を心得ず、凡・聖の別に執われて、外に向かって駆けずりまわり、逆に自分で自分の心を見失ってしまっている。そこで、汝らに説くのである、「即心是仏——心そのままが仏である」と。

ここにいう「馳騁《ちてい》」が、馬祖や臨済のいう「馳求」と同義であることは見やすい（ちなみに「馳騁」の音は「チテイ」が正しいが、古くから「チヘイ」という慣用音がひろく行われている。詳しくは山田俊雄『日本のことばと古辞書』三省堂、二〇〇三年、頁二一七、参照）。

自らの心こそが仏である。だのに、その事実を置き忘れて、己《おの》れの外に「仏」を求めて駆けずりまわる——馬祖も黄檗も、「馳求」や「馳騁」の語を、そうした意味で用いているのである。

傍家波波地《ぼうけははじ》——あたふたと

臨済の立場も、これら祖師たちとかわらない。同じことを説く臨済の言は、ほかにも枚挙にいとまなく、たとえば、次のような言がある——

……若是真正道人、終不如是。但能随縁消旧業、任運著衣裳、要行即行、要坐即坐。無一念心希求仏果。縁何如此？　古人云、「若欲作業求仏、仏是生死大兆」。大徳、時光可惜。祇擬傍家波波地学禅学道、認名認句、求仏求祖、求善知識意度。莫錯！　道流。你祇有一箇父母、更求何物？　你自返照看。古人云、「演若達多失却頭、求心歇処即無事」。大徳、且要平常、莫作模様。有一般不識好悪禿奴、便即見神見鬼、指東劃西、好晴好雨。如是之流、尽須抵債、向閻老前呑熱鉄丸有日。好人家男女被這一般野狐精魅所著、便即揑怪。瞎屢生！索飯銭有日在！（《文庫》頁四〇・四二／〔三九〕）

……若是《もし》真正の道人なれば、終《つい》に如是《しか》らず。但《た》だ能《よ》く縁に随いて旧業を消し、任運《にんぬん》に衣裳を著《つ》けて、行かんと要《ほっ》すれば即ちゆき、坐せんと要《ほっ》すれば即ち坐す。一念心の仏果を希求する無し。何に縁《よ》りてか如此《かくのごとく》なる？　古人云く、「若《も》し業を作《な》して仏を求めんと欲さば、仏は是れ生死《しょうじ》の大いなる兆《きざし》なり」と。大徳よ、時光惜《お》しむべし。祇《た》だ傍家波波地《ぼうけははじ》に禅を学び道を学び、名を認め句を認め、仏を求め祖を求め、善知識《ぜんちしき》を求めて意度《いたく》せんと擬《ほっ》するとは。錯《あやま》る莫《なか》れ！　道流《どうる》よ。你《なんじ》、祇《た》だ一箇の父母有り、更に何物《なに》をか求めん？　你《なんじ》自ら返照《へんしょう》し看よ。古人云く、「演若達多《えんにゃだった》、頭《こうべ》を失却《みうしな》う。求むる心の歇《や》む処、即ち無事《ぶじ》」と。大徳よ、且《まず》は平常《びょうじょう》ならんことを要す、模様《もよう》を作《な》す莫《なか》れ。一般《あるてあい》の好悪《よしあし》を識らざる禿奴《とくぬ》有り、便即《すなわ》ち神を見、鬼を見、東を指し西を劃《かく》し、好《よ》き晴れ好《よ》き雨という。如是《かか》る流《やから》は、尽《ことごと》く須《すべか》らく債を抵《あがな》い、閻老《えんろう》の前に向《おい》て熱鉄丸を呑まんこと日有るべし。好人《こうにん》家《け》の男女《なんにょ》、這《こ》の一般《てあい》の野狐《やこ》の精魅《せいみ》に著《とりつ》かれ、便即《すなわ》ち揑怪《ねつかい》す。瞎屢生《かつるせい》！　飯銭を索《もと》めらるること日有《あ》らん在《ぞ》！

もし、まことの道の人ならば、決してそうはならぬ（仏法を実体視して執着することはない）。ただ、なりゆきにしたがって前世の業を消化してゆき、あるがままに衣服を着け、歩きたければ歩き、坐りたければ坐るのみで、そこには悟りを求める気持ちなど微塵もないのである（「随縁消旧業」は師の黄檗の語、入矢『伝心法要・宛陵録』頁一三五）。

なぜ、そのようであり得るのか。古人も言っている、「修行によって仏を求めようにも、仏は輪廻の重大な契機にすぎぬ」（宝誌『大乗讃』）と。

諸君、時を空しく過ごしてはならぬ。だのに、汝らはただひたすら「傍家波波地《のきなみにあたふたと》」よそさまを訪ね歩いて「禅」だの「道」だのを学び、名辞や言句を実体視し、「仏」や「祖」を求め、さらに師を求めて理屈で分かろうとするばかりだ。

だが、諸君、誤ってはならぬ！　汝には、ただ一人の父御と母御が有るのみだ。その外に何を求める必要がある（実の父と実の母から生まれた、れっきとした一箇の活き身の自己。そこに何の不足がある）。自分自身に立ち返ってみよ。古人の言にもある、「演若達多は己れの頭を見失って狂奔した。だが、外に捜し求める心を止めさえすれば、実は何事も無かったのである」（典拠未詳）と。

諸君、まずは平常《あたりまえ》であれ。わざとらしいフリをするな。よしあしをわきまえぬある種のハゲ坊主どもは、神おろしのようなマネをして、東を指さしたり西に線をひくような所作をして、やれ「よい天気」だ、やれ「恵みの雨」だ、などとのたもうておる。こういう連中は、どいつもこいつも借財を還すため（偽りの法によって得た供養の清算のため）、地獄におちて、閻魔さまの前で真っ赤に焼けた鉄の玉を呑み込まされる日が来ること必定である。だのに、本来なんの過不足もない「好人家《よきいえ》の男女《こら》」ともいうべき汝らが、そういう狐狸のようなインチキ坊主にたぶらかされて、なにかというと奇妙なマネをやる。痴《し》れ者《もの》めが！　そんなことでは、お前ら自身も、閻魔さまからこの世のメシ代を請求される日が、きっとやって来てしまうぞ！

この段には特徴的・印象的な語彙が多い。「傍家《ぼうけ》」は「副詞で、わき道にそれるさまをいう」（《文庫》頁四三注）と解されてきたが、今は試みに「一軒一軒順々に」と解する袁賓『禅宗著作詞語匯釈』（江蘇古籍出版社、一九九〇年）の説にしたがってみる。いずれにしても、己れの外に「仏」を求めて奔走するさまの形容であることは間違いなく、そこにはやはり自己こそが本来「仏」であるにもかかわらず、という含みがある。たとえば黄檗と同じく百丈の法嗣に列せられる福州大安《ふくしゅうだいあん》の説示にも、次のような言葉が見える。「汝ら諸人、総《み》な来たりて安《それがし》に就きて什麼《なに》をか求覓《もと》む。若《も》し仏に作《な》らんと欲するならば、汝自らが是れ仏なり。而《しか》るに却って傍家に走りて忽忽《あたふた》とし、渇《かわ》ける鹿の陽焰《かげろう》を趁《お》うが如し。何《いず》れの時にか相応し去る〔道とひとつになる〕を得ん」（『景徳伝灯録』巻九、頁一四〇上／禅文化研究所訓注本第三冊、頁二九九、参照。『匯釈』はこの例を『五灯会元』から引いている）。

つぎに「你《なんじ》、祇《た》だ一箇の父母有り」は《文庫》で「君たちにはちゃんとひとりの主人公がある」（頁四四）と訳され、「本来人としての自己。本来の主人公ともいう」と注されている。玄沙師備《げんしゃしび》の語録（『玄沙広録』上、頁九六）やのちに引く『祖堂集』曹山本寂《そうざんほんじゃく》章に「本生の父母」――自己を自己たらしめる内なる父母――という語が見えるのを参照すれば、当然ありうべき解釈である。しかし、臨済は、自己の内面に内在的な超越者を想定することを禁じ、活き身の自己の全体がそのまま仏と等しいのだと繰り返す（のちに第七章で詳しく看る）。そこで、ここでは、確かにひとりの父とひとりの母から生まれたかけがえの無い活き身の自己、その外に「仏」や「祖」を求める必要は無いという意に解してみた。その後に出てくる「好人家《こうにんけ》の男女《なんにょ》――ちゃんとした家の子供」というのも同意であろう。

だが、そうした自己を置き去りにしたまま、怪しげな老師たちの魅惑的な俗説についてまわっていては、「飯銭を索《もと》めらるること日有《あ》らん在《ぞ》！」と臨済は言う（句末の「在」は断定の語気。入矢「禅語つれづれ」参照）。行脚僧は労働も納税もせず、信徒の布施によって養われている。にもかかわらず行脚の実をあげられなければ、やがて地獄に堕ちて、閻魔さまからそのムダ飯の代金の返還を迫られることは避けられぬ、というのである。『臨済録』には次のような言葉もある。

学人信不及、便向名句上生解。年登半百、祇管傍家負死屍行、担却担子天下走。索草鞋銭有日在！　（《文庫》頁一〇九／〔四七〕）

学人、信不及にして、便《すなわ》ち名句《みょうく》上に向《お》いて解《げ》を生ず。年の半百に登《なんなん》とするまで、祇管《ひたすら》に傍家に死屍《むくろ》を負うて行き、担子《たんす》を担《にな》却いて天下を走る。草鞋《そうあい》銭を索《もと》めらるること日有《あ》らん在《ぞ》！

修行僧は本来の自己を信じきれず、何かというと名辞・言句のうえで理屈をつくりだす。あげく五十にもなろうという頃まで、しゃにむに屍《むくろ》（「仏」という内実を見失った生ける屍のような己れ）を背負い、お荷物のような理屈をかついで天下を走り回っている。そんなことでは、閻魔さまからこの世での草鞋《わらじ》代を請求される日が、必ずやって来てしまうぞ！

第四章　未だ見処《けんじょ》有らざりし時――若き日の臨済

本来「仏」であるはずの自己に眼を向けず、己《おの》れの外に「仏」を「馳求《ちぐ》」してやまぬ「信《しん》不及《ふぎゅう》」の修行僧たち。臨済はそのありさまを、激しい言葉で非難してやまない。だが、そのように非難されているそのさまは、実は、臨済自身の若き日の姿でもあった。臨済は告白する――

黒漫漫地《こくまんまんち》――まっくらな心の闇

山僧往日未有見処時、黒漫漫地。光陰不可空過、腹熱心忙、奔波訪道。後還得力、始到今日共道流如是話度。《文庫》頁一四二／〔五一〕

山僧《われ》、往日《むかし》、未だ見処《けんじょ》有らざりし時、黒漫漫地《こくまんまんち》たりき。光陰空《むな》しくは過《す》ごす可《べ》からずとて、腹《はら》熱く心忙《せわ》しく、奔波《はせまわ》りて道を訪ぬ。後《のち》、還《かえ》って力を得、始めて今日、道流《どうる》と如是《かくのごと》く話《わ》度《たく》するに到れり。

わしも昔、ものが見えていなかった頃、心は真っ黒な闇のなかであった。そこで、いたずらに時を過ごしてはならぬとばかり、腹のなかは焼け、心のうちは焦りながら、あちこちに奔走して道を問うたものであった。その後、先師からお力を与えられ、それでようやく今日こうして、君らと話をしている次第である（「得力」は自ら力を獲得することでなく、師から力を恵まれること。「得〜力」で、〜のお陰を蒙る、〜の助力を得る）。

臨済も若き日には、信ずるべきものを未だ知らず、「黒漫漫地《こくまんまんち》」たる煩悶のなか、「腹《はら》熱く心忙《せわ》しく」、焦燥に駆られながら道を求めて奔走していたというのである。「奔波《ほんぱ》」はあわただしく走り回ることだが、さきの「馳求《ちぐ》」や「馳騁《ちてい》」と同様、本来の自己を置き忘れ、己れの外に道を求めて駆けずり回るという語感をもつ。馬祖の弟子、大珠慧海《だいじゅえかい》の言にいう。「諸人幸《さいわい》自に好箇の無事《ぶじ》の人なるに、苦死《しきり》に造作《はからい》し、枷《かせ》を担いて獄に落ちんと要《ほっ》して麼《なん》と作《す》る？　毎日夜《よる》に至るまで奔波し、我れは〝禅〟に参じ〝道〟を学び、〝仏法〟を解会《げえ》すと道《い》う。如此《かくのごと》きんば転《ますま》す交渉《かかわり》無からん」と（平野宗浄『頓悟《とんご》要門《ようもん》』禅の語録六、筑摩書房、一九七〇年、頁一四三）。

自らの若き日の姿について、臨済はまた次のようにも言っている。

道流、出家児且要学道。祇如山僧、往日曾向毘尼中留心、亦曾於経論尋討。後方知是済世薬表顕之説、遂乃一時抛却即訪道参禅。後遇大善知識、方乃道眼分明、始識得天下老和尚、知其邪正。不是娘生下便会、還是体究練磨一朝自省。（《文庫》頁九六／（四七））

道流《どうる》、出家児《しゅっけじ》は且《しば》らく道を学ぶを要す。山僧《われ》の秖如《ごと》きは、往日《むかし》、曾て毘尼《びに》の中に向《おい》て心を留《とど》め、亦《ま》た曾て経論に於て尋討《たず》ぬ。後方《のちはじ》めて是れ済世《さいせい》の薬・表顕《ひょうけん》の説なりと知り、遂乃《かくし》て一時に抛却《なげうち》て即ち道を訪ね禅に参ぜり。後、大善知識《だいぜんちしき》に遇いて、方乃《はじ》めて道眼分《どうげんぶん》明《みょう》となり、始めて天下の老和尚を識得《しきとく》し、其の邪正を知れり。娘生下《じょうしょうげ》にして便《すなわ》ち会《え》するには不是《あら》ず、還《かえ》って是れ体究練磨《たいきゅうれんま》して一朝自《みずか》ら省《さと》れるなり。

諸君、出家せる男児たるもの、まずは道を学ばねばならぬ。わしなども昔は律学に専心し、経論の研究にも努めたものだ。だが、後になってようやく、それらが世間を救う薬のごとき方便の説にすぎぬとさとり、そこでそれらを一度に投げ捨てて、道を求めて禅に参じた次第である。その後、大善知識にめぐりあって、やっと道を見る眼がはっきりし、かくて始めて天下の老宿たちの面目を看取して、その正邪を見極めるに至ったのだ。これはおっかさんの腹から生まれ落ちたそのままで、自ずと会得されていたものではない。身をもって探求し鍛錬して、ある日、自らハタと気づいたものなのである。

ここでは、律や経論の学修が「道を学ぶ」ことの対極にあるものとされている。さきの開堂説法にも見られたように、臨済は経論の権威を烈しい語気で斥けてやまない。「乃至《ひい》ては三乗十二分教も、皆な是れ不浄《ふじょう》を拭《ぬぐ》う故紙」（《文庫》頁八三／〈四七〉）——あらゆる経典はすべて尻を拭く反故紙にすぎぬ、臨済がそう断じたことはあまりにもよく知られている。

だが、その臨済も、若き日には律学の実修や経論の考究にひたすら奔走していたのであり、「大善知識」すなわち正師との出逢いによって、ようやく「黒漫漫地《まっくら》」な闇のなか、明らかに「道の眼《まなこ》」が開けたのであった。それは「娘生下《うまれながら》」のものでなく、「体究練磨」の苦闘のすえに自ら覚醒したものだと臨済はいう（「娘」はムスメでなく、母ちゃん・おっかさんという意の口語）。

黄檗先師

では、「馳求」と「奔波」の生活に決着をつけた、その正師との邂逅とは、如何なるものであったのか。これが開堂の際に言及されていた黄檗希運《おうばくきうん》との因縁を指していることは、言うまでもない。臨済は他の箇所でも次のように言っている。

大衆、夫為法者、不避喪身失命。我二十年在黄檗先師処、三度問仏法的的大意、三度蒙他賜杖。如蒿枝払著相似。如今更思得一頓棒喫。誰人為我行得？

（《文庫》頁二三／〔二九〕）

大衆《だいしゅ》よ、夫《そ》れ法の為には、喪身失命《そうしんしつみょう》を避けず。我れ二十年、黄檗先師の処に在りて、三《み》度《たび》、仏法的的《ぶっぽうてきてき》の大意を問い、三度《みたび》、他《かれ》の賜杖《しじょう》を蒙《こうむ》る。蒿枝《こうし》の払著《ほつじゃく》するが如くに相い似たり。如今《いま》更に一頓の棒を得て喫せんと思う。誰《た》人《れ》か我が為に行じ得ん？

諸君、そもそも法の為には、命をさえ惜しんではならぬ。わしも二十年の間、黄檗先師のもとに在り、そこで三たび「仏法的的の大意――明確なる仏法の根本義」を問い、そのたび杖によって打ちすえられた。だが、それも、まるで、ヨモギの枝で撫でてもらうような心ちであった。今またかかる一棒を味おうてみたいと思うが、誰かそれをやってくれる者はおらぬか（「我二十年…」は文法的には「わしは二十年間…」の意となるが、他の記述と整合しない。「二十年前」と書いてあれば問題ないが、しかし、そのように記す版本は現存しない）。

年次のことはともかくとして、黄檗のもとで三たび仏法を問い、そのつど死ぬほど杖で打ちすえられたという若き日の体験を、臨済は今、遠い目をしながら懐かしく思い返している。あのような心地よい痛打を、今いちどわしに味わわせてくれる者はおらぬものか。

第五章　仏法無多子《むたす》――黄檗との因縁

三たび問うて　三たび打たる

臨済がこのように回憶する黄檗のもとでの開悟の因縁は、現行『臨済録』の「行録《あんろく》」（行実の記録）に、次のように詳しく記されている（さきにいう(2)の段階の語録では、この話が一書の冒頭に配されている）。『祖堂集』に記される古い伝承とはだいぶ異なるが、今は現行『臨済録』の文を、《文庫》にしたがって三段に分けて読んでみる。

師初在黄檗会下、行業純一。首座乃歎曰、「雖是後生、与衆有異」。遂問、「上座在此多少時？」師云、「三年」。首座云、「曾参問也無？」師云、「不曾参問。不知問箇什麼」。首座云、「汝何不去問堂頭和尚、如何是仏法的的大意？」師便去問。声未絶、黄檗便打。師下来。首座云、「問話作麼生？」師云、「某甲問声未絶、和尚便打。某甲不会」。首座云、「但更去問」。師又去問、黄檗又打。如是三度発問、三度被打。師来白首座云、「幸蒙慈悲、令某甲問訊和尚。三度発問、三度被打。自恨障縁不領深旨。今且辞去」。首座云、「汝若去時、須辞和尚去」。師礼拝退。首座先到和尚処云、「問話底後生、甚是如法。若来辞時、方便接他。向後穿鑿成一株大樹、与天下人作廕涼去在」。師去辞、黄檗云、「不得往別処去。汝向高安灘頭大愚処去、必為汝説」。

（《文庫》頁一七九／（一））

師〔臨済〕初め黄檗の会下《えか》に在って、行業純一《ぎょうごうじゅんいつ》たり。首座《しゅそ》乃ち歎じて曰く、「後生《こうせい》なりと雖《いえど》是も、衆《しゅ》と異なり有り」。遂《かく》て問う、「上座《そなた》、此《ここ》に在りて多少《いくばく》の時ぞ？」師云く、「三年」。首座云く、「曾《かつ》て参問せる也無《や》？」師云く、「曾《かつ》て参問せず。箇の什麼《なに》を問うかを知らず」。首座云く、「汝、何ぞ去《ゆ》きて堂頭和尚《どうちょう》〔黄檗〕に問わざる、如何《いか》なるか是れ仏法的的の大意と？」師、便ち去きて問う。声未《いま》だ絶えざるに、黄檗、便ち打つ。師、下り来る。首座云く、「問話《もんな》、作麼生《いかん》？」師云く、「某甲《それがし》、問声《もんしょう》未《ま》だ絶えざるに、和尚便ち打つ。某甲、会《え》せず」。首座云く、「但《た》だ更に去きて問え」。師又た去《ゆ》きて問い、黄檗、又た打つ。如是《かくのごと》く三度《みたび》問いを発し、三度打《う》たる。師、来りて首座に白《もう》して云く、「幸いに慈悲《じひ》を蒙《こうむ》り、某甲《それがし》をして和尚に問訊《もんじん》せしめらるも、三度《みたび》問いを発して、三度打《う》たれしのみ。自《みず》から障縁《しょうえん》ありて、深旨《じんし》を領《さと》らざるを恨《うら》む。今は且《しば》らく辞し去らんとす」。首座云く、「汝若《も》し去《ゆ》かん時には、須《すべか》らく和尚に辞し去《ゆ》くべし」。師、礼拝して退く。首座、先に和尚の処に到りて云く、「問話《もんな》底の後生、甚《はなは》だ是れ如法なり。若《も》し来りて辞さん時には、方便もて他《かれ》を接《みちび》け。向後《のち》、穿鑿《せんさく》して一株の大樹と成さば、天下の人びとの与《ため》に廕涼《いんりょう》と作《な》り去らん在《ぞ》」。師去《ゆ》きて辞すに、黄檗云く、「別処に往き去る不得《なか》れ。汝、高安灘頭《こうあんだんとう》の大愚《たいぐ》の処に向かいて去《ゆ》かば、必ず汝が為に説かん」。

臨済は若き日、黄檗の門下にあって、身も心も純粋に、いちずに修行にうちこんでいた（「行業」は身《しん》・口《く》・意《い》の三業。「純一」は雑《ま》じりけなく純粋なこと。臨済は馬祖のことを「純一無雑《じゅんいつむぞう》」と称している。《文庫》頁一一六。語は『法華経』序品に基づく）。

首座がそのようすに感嘆して言った。「若僧ではあるが、他の者とは違う」。そして臨済に問いかける、

「そなた、此処にまいって、どれほどになる」。

「三年でございます」。

「老師に参問にうかごうたことはあるか」。

「ございませぬ。何を問うてよいのかがわかりませぬ」。

「こう問えばよいではないか、仏法的的の大意とは如何なるものぞ、と」（「首座」は首席の修行僧、第一座とも。「堂頭」は住持のこと。宋代になるとこの「首座」が睦州《ぼくじゅう》こと陳尊宿《ちんそんしゅく》であったとされるようになる）。

そこで臨済はさっそく質問にゆく。しかし、その問いの言葉も終わらぬうちに、はや黄檗老師に打たれてしまった。

下がってくると首座が問う、「参問はどうであった」。

「問いの言葉も終わらぬうちに、もう打たれてしまいました。それがしには、わけが分かりません」。

「ともかく、もう一度、問うてまいれ」。

そこで臨済は重ねて参問に行き、すると黄檗も重ねて打つ。かくて三たび質問して三たび打ちすえられたのであった。

臨済は首座のところへ来て打ち明ける、「せっかくお慈悲によって、老師のもとに参問にゆかせていただきました。しかし、三たび問うて三たび打たれただけでした。悪しき因縁のために深き道を悟ることができぬのを、自ら無念に思うばかりです。ともかく、ひとまず、お暇乞《いとまご》いをさせていただきとう存じます」。

「ならば出立の際には、必ず老師にご挨拶にうかがうように」。

臨済は礼拝して引き下がった。

首座は黄檗老師のもとに先まわりする、「参問にまいりましたかの若僧、頗る法にかなった者と存じます。辞去にまかりこしましたなら、何とぞ方便をもってお導きのほどを。このさき、一本の大樹に仕上げたあかつきには、世の人々が身を寄せるべき、涼しき木陰をなすに相違ございませぬ」（「～去在」はきっと～になる、という断定）。

そのあと臨済が辞去に出向くと、黄檗は言った。

「行くなら、ほかへ行ってはならぬ。高安灘頭の大愚《たいぐ》老師のもとにまいれ。きっとお前のために説いてくれよう」（「不得～」は禁止）。

大愚については、『景徳伝灯録』巻一〇の目次に、馬祖の弟子の帰宗《きす》智常《ちじょう》の法嗣としてわずかに名が見えるのみであり、詳しいことは分からない（『祖堂集』臨済章は、馬祖下で黄檗と大愚が同学であったとする）。黄檗山も洪州の「高安」（現、江西省高安県）にあり、大愚もそこからさほど遠からぬ「灘頭」すなわち水辺の沼地に、ひとり隠棲していたものらしい。右の一段では、臨済が三度にわたって参問に赴いたにもかかわらず、その間に黄檗の言葉が一句も記されていないことが注意をひく。

元来　黄檗の仏法多子《たす》無し——あけてみたら、そのなかは

かくして臨済は、大愚のもとを訪ねてゆく。

師到大愚。大愚問、「什麼処来？」　師云、「黄檗処来」。大愚云、「黄檗有何言句？」　師云、「某甲三度問仏法的的大意、三度被打。不知某甲有過無過？」　大愚云、「黄檗与麼老婆為汝得徹困、更来這裏問有過無過！」　師於言下大悟云、「元来黄檗仏法無多子！」　大愚搊住云、「這尿牀鬼子！　適来道有過無過、如今却道〝黄檗仏法無多子〟。你見箇什麼道理、速道！　速道！」　師於大愚脅下築三拳。大愚托開云、「汝師黄檗。非干我事」。
（《文庫》頁一八二／（一一））

師〔臨済〕、大愚《たいぐ》に到る。大愚問う、「什麼処《いずく》よりか来《きた》る？」　師云く、「黄檗の処より来る」。大愚云く、「黄檗に何の言句《ごんく》か有る？」　師云く、「某甲《それがし》、三度《みたび》、仏法的的《ぶっぽうてきてき》の大意を

問い、三度打《う》たる。不知《しら》ず、某甲《それがし》、過《とが》有りや過《とが》無きや？」大愚云く、「黄蘗与麼《かく》も老婆《ねんごろ》に汝の為《ため》にし得て徹困《てっこん》たるに、更に這裏《ここ》に来りて過《とが》有りや過《とが》無きやと問わんとは！」

師、言下に於て大悟し云く、「元来《なん》と、黄蘗の仏法には多子《たす》無し！」大愚搊住《すうじゅう》して云く、「這《こ》の尿牀《にょうしょう》の鬼子《きす》！適来《さきほど》は過《とが》有りや過《とが》無きやと道《い》いしに、如今《いま》は却って〝黄蘗の仏法には多子《たす》無し〟と道う。你《なんじ》、箇《こ》の什麼《なん》の道理をか見し、速《はよ》う道《い》え！速《はよ》う道《い》え！」

師、大愚の脅下《きょうか》に築《つ》くこと三拳。大愚托開《つきはな》して云く、「汝の師は黄蘗なり。我が事に干《かかわ》るに非ず」。


臨済は、大愚のところにたどり着く。

大愚が問う、「何処《いずこ》よりまいった」。

「黄蘗のもとよりまいりました」。

「黄蘗はどのような法を説いておる」。

「それがしは、三たび仏法的的の大意を問い、三たび打ちすえられました。それがしには、いったい、誤りが有ったのでしょうか、無かったのでしょうか」。

大愚は怒る、「黄蘗はかくまで老婆心を尽くし、ヘトヘトになるほど、おぬしの為にやってくれておる。だのに、そのうえこんな処までやって来て、なおも、誤りが有ったのでしょうか、無かったのでしょうか、とは！」

臨済はこの言下に大悟した。

「なんだ、黄檗の仏法には、何ほどのことも無かったのか！」

大愚は臨済の胸ぐらをつかんで迫る、「この寝小便タレの小僧めが！　つい今しがた、誤りが有ったか無かったか、などとぬかしておったくせに、今度は〝黄檗の仏法には何ほどのことも無い〟とは何事か！　いったい、如何なる道理を見て取ったというのだ。さあ、さっさと、言え！　言え！」

すると臨済は、いきなり大愚のヨコ腹を、拳《こぶし》で三度突き上げた。

大愚は臨済を突き放して言う、

「ふん、おぬしの師は黄檗だ。わしには何の関わりも無い」。

臨済が三たび参問したにもかかわらず、黄檗はそのつど、ただ黙って打ちすえるだけであった。だが、そのことを大愚は、臨済を導くために黄檗が疲労困憊するほど老婆心切を尽くしてくれたものだと称え、その意を悟らぬ臨済の不敏を責める。

婆さまのようなくどいまでの世話やき、それを「老婆心切」といい、「老婆」ないし「老婆心」だけでも、老婆心切を尽くすという動詞、あるいは老婆心切であるという形容詞に用いられる。「為～」は、～の為に導きの努力をするという動詞で、人を接化《せっけ》することを禅語で「為人《いにん》」する、という。「徹困」は疲れはててヘトヘトになるさま。「～得…」は、～の動作によって…という状態・程度になる、という口語の句型である（現代中国語の文法で様態補語といっているもの）。

これらの語句については、『景徳伝灯録』巻九・潙山霊祐《いさんれいゆう》章に、ちょうど次のような類例があって参考になる。潙山も黄檗同様、百丈の法嗣である。

師上堂、有僧出云、「請和尚為衆説法」。師云、「我為汝得徹困也」。僧礼拝。後人挙似雪峯。雪峯云、「古人得恁麼老婆心」。……（頁一三四下／禅文化研究所訓注本第三冊、頁二五三、参照）

師（潙山）上堂す、僧有りて出《いで》て云く、「請《こ》う和尚、衆《しゅ》の為に説法せよ」。師云く、「我れ汝らが為《ため》にし得て徹困《てっこん》たり」。僧礼拝す。後人、雪峯に挙似《はな》す。雪峯云く、「古人（潙山）恁麼《かく》も老婆心なるを得たり」。……

潙山が法堂に上る。僧が出てきていう、「どうか和尚さま、一同の為に説法をお願いいたします」。すると潙山、「わしはお前たちの為に尽力して、もうすっかりヘトヘトになってしまった」。

後世、ある人がこの話を話したところ、雪峯はいった、「古人はよくもまあここまで老婆心切を尽くしたものだ」（このあと雪峯の言に対する玄沙の批判がつづくが、今は省く）。

黄檗も潙山も、一言も法の開示を行わず、それでいて修行者を導くために疲労困憊しているという。では、どこが彼らの導きの努力であったのか。

思うに、馬祖禅の立場からすれば、本来あるがままの自己のほかに、求めるべき「仏」も、授けるべき「法」も存在しない。だから何も説かずにいることは、結果的に、その一事を損なうことなく示す、最良の方便だということにもなる。しかも、黄檗は、そのことを臨済自身に気づかせるため、黙ったままで、わざわざ打ってまでくれた。それも一度ならず、二度、三度と。

すでに第Ⅰ部でも説明したように、禅僧が修行僧を打ちすえるのには、自身がすなわち「仏」であるという事実、それを本人に身をもって覚らせようという意図が含まれている。そこでもひとつ、「西来意」を問う僧を馬祖がいきなり打ちすえた問答を紹介したが、馬祖には、ほかに次のような例もある。

泐潭法会禅師問祖云、「如何是西来祖師意?」　祖曰、「低声、近前来」。会便近前。祖打一摑云、「六耳不同謀、来日来」。……　（『馬祖の語録』頁五七）

泐潭法会《ろくたんほうえ》禅師、祖〔馬祖〕に問いて云く、「如何なるか是れ西来の祖師の意?」　祖曰く、「低声、近前し来れ」。会〔法会〕便ち近前す。祖打つこと一摑《いっかく》して云く、「六耳謀《はかりごと》を同《とも》にせず、来日《あす》来れ」。……

泐潭の法会禅師が馬祖に問う、「祖師西来意とは如何なるものぞ」。馬祖、「しーっ！　もっとこちらへ」。法会がつっと近づくと、馬祖はガツンと拳骨を喰らわせた。「六つの耳で密談をなしてはならぬ」。三人でやれば必ず洩れる、秘密は二人だけで保持すべきものだ。「祖師西来意」という問いが実は「即心是仏」という意を内包していること、すでに第Ⅰ部で述べたとおりである。その答えは、己《おの》が身の上にこそ発見されるべきものであり、第三者とは共有不可能な、いわば自身と達摩のみの秘密である。強烈な一発の拳骨は、活き身の痛みをもって、それを自から思い知れとの為人《みちびき》であった。

のちには臨済自身にも、次のような話が伝えられている。

師到臨済、問、「如何是祖師西来意？」済下禅牀搊住。師擬議、済便掌。師因此大悟。
（『天聖広灯録』巻一三・定上座章／中文出版社景宋本、頁四六五上）

師（定上座）、臨済に到り、問う、「如何なるか是れ祖師西来意？」済（臨済）禅牀《ぜんしょう》を下りて搊住《そうじゅう》す。師、議せんと擬《ほっ》するや、済便ち掌《う》つ。師、此れに因りて大悟せり。

定上座《じょうじょうざ》が行脚のすえ、臨済のもとにたどりついて、さっそく問う、「祖師西来意とは如何なるものぞ」。臨済は座を下り、上座の胸ぐらをつかんで締め上げる。そこで上座が口を開こうとしたその刹那、臨済はすかさず平手打ちをくらわせた。上座はこれで大悟した。

この話はさらに脚色を加えた形で⑶の段階の『臨済録』に増補される（後文であらためて

引く）。

黄檗は臨済に対し、これらと同じことを、倦むことなく三度もくりかえしてくれたのである。そこまでの老婆心切がなぜ分からぬか、大愚が責めるのも無理はない。

その叱責でようやく黄檗の意図を悟った臨済は、思わず快哉をさけぶ。

——元来《がんらい》、黄檗《おうばく》の仏法《ぶっぽう》、多子《たす》無し！

なんだ、黄檗の仏法には、なんの事も無かったのか。黄檗の教えは、謎解きも種明かしも必要ない、そのものずばりのものだったのだ！

「元来～」は口語で「なんだ～だったのか」という、発見と納得の語気を表す。現代中国語の「原来～」にあたる言葉で、「元来」がもともとの表記だったのが、「元《モンゴル》が来る」という連想を嫌って、明代以後「原来」と書かれるようになったという。

「多子」は「多事」ともいう。多くのこと、ではなく、余計なこと。それが無いのがつまり「無事」で、黄檗は「道人は是れ無事《ぶじ》の人。実に許多般《あれこれ》の心無く、亦た道理の説《と》く可《べ》き無し」（入矢『伝心法要・宛陵録』頁七六）と言い、臨済もまた「我が見処《けんじょ》に拠《よ》らば、実に許多般《あれこれ》の道理無し。用いんと要せば便ち用い、用いざれば便ち休《や》むのみ」（《文庫》頁一二六）、「山僧《わし》が見処に約さば、如許多般《あれこれ》無し、祗《た》だ是れ平常《あたりまえ》にして、著衣喫飯《じゃくえきっぱん》し、無事《ぶじ》に時を過ごすのみ」（同、頁一〇一）と言っている。くだくだしき道理も意味づけも無い、「即心是仏」という事実の端的な提示、それが黄檗の仏法だったのである（入矢「禅語つれづれ」参照）。

そこで大愚は、臨済の胸ぐらをつかんで迫る、「この寝小便タレの小僧めが、さきほどまでの泣き言はどこへ行った。何を悟って、かような大口をたたく、さあ、さっさと言え！言わぬか！」

だが、この時、臨済は、もはやあの「信不及」にして「馳求」にあけくれる臨済ではない。押しまくる大愚の脇ばらに、黙って強烈な拳《こぶし》を三発お見舞いする。黄檗から恵まれたのは、つまりこの説明不要の、三発そのものだったのだ！

大愚は臨済を突き放す、「ふん、それが分かったのなら、お前はまぎれもなく黄檗の弟子だ。わしの知ったことではない」。

この風顛漢《ふうてんかん》！

かくして臨済は大愚のもとを辞去し、ふたたび黄檗のもとへ引き返す。

師辞大愚、却回黄檗。黄檗見来便問、「這漢来来去去、有什麼了期？」師云、「祇為老婆心切」。便人事了侍立。黄檗問、「什麼処去来？」師云、「昨奉慈旨、令参大愚去来」。黄檗云、「大愚有何言句？」師遂挙前話。黄檗云、「作麼生得這漢来、待痛与一頓！」師云、「説什麼待来？即今便喫！」随後便掌。黄檗云、「這風顛漢！却来這裏捋虎鬚」。師便喝。黄檗云、「侍者、引這風顛漢参堂去」。

後潙山挙此話問仰山、「臨済当時得大愚力、得黄檗力？」仰山云、「非但騎虎頭、亦

解把虎尾」。　　　　　　　　　　　　《文庫》頁一八三／（一）

師〔臨済〕、大愚を辞し、黄檗に却回《かえ》る。黄檗、来るを見て便ち問う、「這漢《こやつ》、来来去去して、什麼《なん》の了《おわ》る期《とき》か有る？」師、「祇《た》だ老婆心切の為に」と云い、便ち人事《じんず》して了《おわ》りて侍立《じりゅう》す。黄檗問う、「什麼処《いずく》にか去《ゆ》き来《きた》れる？」師云く、「昨《さき》に慈旨を奉じ、大愚に参ぜしめられ去《ゆ》き来《きた》れり」。黄檗云く、「大愚に何の言句《ごんく》か有る？」師遂《かく》て前話《ぜんな》を挙《こ》す。黄檗云く、「作麼生《いかに》してか這漢《あやつ》を得《え》来らん、痛く一頓を与えんと待《ほっ》す」。師云く、「什麼《なん》の来るを待ちてと説《い》わん？　即今《いま》便ち喫せよ！」随後《すぐのち》に便ち掌《う》つ。黄檗云く、「這《こ》の風顛漢《ふうてんかん》！　這裏《ここ》に却《かえ》り来りて虎鬚《こしゅ》を捋《ひ》くとは」。師便ち喝す。黄檗云く、「侍者よ、這《こ》の風顛漢を引《みちび》きて参堂し去らしめよ」。

後に潙山《いさん》、此の話を挙《こ》して仰山《きょうざん》に問う、「臨済は当《そ》の時、大愚の力を得しや、黄檗の力を得しや？」仰山《きょうざん》云く、「虎の頭に騎《の》りし非但《のみなら》ず、亦た解《よ》く虎の尾をも把《とら》えたり」。

もどってきた臨済を見て、黄檗はいう、「こやつ、むやみに行ったり来たり、いつになったらキリがつくのだ」。

臨済、「ひとえに老師のお尽くし下さった、老婆心切のおかげです」。

そう言うと作法どおりの挨拶をし、黄檗老師のおそばに控えて立った。黄檗は問う、「して、何処へ行っておったのだ」。

「さきのご指教にしたがい、大愚老師に参じさせていただきました」。

「大愚は何と言うておった」。

そこで臨済は、ことの経緯《ゆくたて》を黄檗に告げる。黄檗はいう、

「ふん、どうにか、あやつをひっ捕らえて来て、したたかに打ちすえてやりたいものだ（ひとがせっかく黙っておったものを、みなまで言うてしまいおって）」。

すると臨済、「来てからも何もござらぬ、今この場でお喰らいなされ！」言うなり黄檗を平手打ちした。

黄檗、「このタワケものめ、もどって来て虎のヒゲをひっぱるとは！」

臨済はすかさず一喝する。

黄檗、「やれ、侍者よ、このタワケものを僧堂に案内してやれ」。

この話にはさらに次のような後日談がある——潙山禅師がこの話をとりあげ、弟子の仰山に問うた。「そのとき臨済は、大愚の助けで悟ったのか、それとも、黄檗の助けで悟ったのか」。仰山いわく、「虎の頭にまたがっただけでなく、虎の尾をも捉えることができたのです」。

どちらかから受け継いだのではない。どちらをも乗り越えたのだ、仰山はそう言っているのであろう。後段には、臨済の黄檗からの嗣法を評した、潙山の次のような言葉も記されている。

見与師斉、減師半徳。見過於師、方堪伝授。（《文庫》頁一九八／〔九〕）

見《けん》の師と斉《ひと》しきは、師の半徳を減ず。見、師に過ぎて、方《はじ》めて伝授するに堪《た》えたり。

師と同等の見解《けんげ》では、師の徳を半減させることにしかなりえない。師を超える見処《けんじょ》を具えて、はじめて師からの伝授を受けるに足りるのだ、と。

第六章　ふたたび「祖師西来意」——祖仏と別ならず

人惑《にんわく》を受けざる底

以上が、「黒漫漫地」たる自己に決着をつけた、「大善知識」との出逢いであった。臨済は、修行僧たちの「信不及」を咎め、「馳求」するなかれと説いてやまない。それは、そのありさまが、まさしく、かつての自身の姿だったからに外ならない。

黄檗も大愚も臨済も、一見、脈絡の無い殴りあいを演じているように見えるかもしれない。だが、実はそこに馬祖以来の「祖師西来意」＝「即心是仏」、その一事が底流として流れていることは以上に考えたとおりである。

臨済はいう——

自達磨大師従西土来、祇是覓箇不受人惑底人。後遇二祖、一言便了、始知従前虚用功夫。山僧今日見処、与祖仏不別。（《文庫》頁一二四／〔四八〕）

達磨大師の西土従《よ》り来りて自《よ》り、祇《た》だ是れ箇《ひとり》の人惑《にんわく》を受けざる底の人を覓《もと》むるのみ。後、二祖に遇うや、一言に便ち了じて、始めて従前には虚しく功夫《くふう》を用いしことを知れり。山僧《わし》が今日の見処《けんじょ》にては、祖仏と別ならざるなり。

祖師達磨は西来後、ただ、他人の惑わしを受けぬ一箇の人を求めただけだ。だから、その後、二祖慧可《えか》に出逢うや、一言でただちにケリをつけ、それまでは無駄な修行をしていたに過ぎぬことを明らかにされたのである。わしのただ今の見処によれば、人は祖仏と何の別もないのである。

禅宗の伝承によれば、達磨は中国にやって来て、まず南朝の梁《りょう》の武帝《ぶてい》と会見した。だが、形ある利益《りやく》を求める武帝と話がかみあわず、そこで、達磨はやむなく北上して嵩山少林寺《すうざんしょうりんじ》にこもり、黙然と面壁《めんぺき》（壁に向かったままの坐禅）をしつづける。そこへある雪の夜、神光という名の僧がやってきた。達磨に説法を乞うて、降り積もる雪のなかに立ち尽くす神光。だが、達磨は何も教えようとはしない。そこで神光は刀を取り出し、自身の左臂《ひだりうで》を断ち切って差し出した（「臂」は漢語ではヒジでなくウデのこと）。求法のために命も惜しまぬ覚悟のほどを、達磨にぐいと突きつけたのである。達磨はようやく神光を認め、その名を「慧可（恵可）」と改めて弟子とした。これが禅宗の第二祖慧可禅師である。その際、両者の間で交されたのは、次のような問答であったと伝えられる。

達磨問二祖、「汝立雪断臂、当為何事？」　祖曰、「某甲心未安、乞師安心」。磨云、「将心来。与汝安」。祖曰、「覓心了不可得」。磨曰、「与汝安心竟」。二祖忽然領悟。

（『碧巌録』第九九則・本則評唱／岩波文庫、下、頁二五八）

達磨、二祖（慧可）に問う、「汝《なんじ》雪に立ちて臂《うで》を断つは、当《は》た何事の為なるや？」祖曰く、「某甲《それがし》、心《こころ》未だ安らかならず。乞《こ》う師、安心《あんじん》せしめよ」。磨云く、「心を将《も》ち来《きた》れ、汝が与に安んぜん」。祖曰く、「心を覓むるに了に不可得」。磨曰く、「汝が与《ため》に安心《あんじん》し竟《おわ》れり」。二祖忽然《こつねん》と領悟す。

達磨、「こうして雪のなかに立ちつくし、腕まで切り落としたのは、いったい何事のためか」。慧可、「わたくしは、心がなお安らかでありませぬ。どうか、この心を安らかにして下さい」。「しからばその〝心〟とやらを出してみよ。それを安らかにしてやろう」。「〝心〟を探してみても、どこにも得られませぬ」。「ほれ、これで心を安らかにしてやったぞ」。慧可はそこで、突如、悟った。

不安でたまらぬ「心」。しかし、それはいざ捜してみると、どこにも実在しなかった。『臨済録』には「無縄自縛」という言葉が見える（《文庫》頁二五／〔三四〕）。いわば、ありもしない縄で自分自身を縛っていた、それが慧可の不安の正体だったのである。慧可は達磨から新たな未知の真理を授けられて二祖となったのではない。「無縄自縛」に気づき、「祖仏と別ならざる」本来の自己にたちかえった、ただ、それだけのことである。そこにはもはや

「人惑《にんわく》――他者の惑わし」を受ける余地はない。

祖師達磨の西来について、臨済はさらに次のようにも説いている。

祖仏《そぶつ》と別ならず

問、「如何是西来意?」 師云、「若有意、自救不了」。云、「既無意、云何二祖得法?」 師云、「得者是不得」。云、「既若不得、云何是不得底意?」 師云、「為你向一切処馳求心不能歇、所以祖師言、〝咄哉! 丈夫、将頭覓頭〟。你言下便自回光返照、更不別求、知身心与祖仏不別、当下無事、方名得法」。 (《文庫》頁一二五/〈四九〉)

問う、「如何《いか》なるか是れ西来意?」 師云く、「若《も》し〝意〟有らば、自救不了《じぐふりょう》」。云く、「既に無意なれば、云何《いか》んが二祖は法を得たる?」 師云く、「得とは是れ不得なり」。云く、「既若《もし》不得ならば、云何《いか》んが是れ不得底の意?」 師云く、「你《なんじ》の一切処に向《お》いて馳《ち》求《ぐ》の心歇《やや》む能《あた》わざるが為《ゆえ》に、所以に祖師言く〝咄哉《とっさい》! 丈夫、頭《こうべ》を将《も》って頭《こうべ》を覓《もと》むとは〟と。你《なんじ》言下に便《すなわ》ち回光返照《えこうへんしょう》して、更に別に求めず、身心の祖仏と別ならざるを知りて、当下《とうげ》に無事《ぶじ》なるをば、方《はじ》めて得法《とくほう》と名づくるなり」。

僧が問う、「祖師西来意とは如何なるものにございますか」。臨済、「西来に特別の〝意〟

など有ったなら、達磨大師は自分自身をも救い得なかったろう」。

　僧、「〝西来意〟が無かったのであれば、二祖慧可大師はいったい何を得られたのでしょう」。「得るとは得ないことなのだ」。「得ないというなら、その〝得ない〟とは、どういうことなのでしょう」。

「おまえがあらゆる処で〝馳求〟の心を止められずにいる、だからこそ祖師はこう仰せられたのだ、〝コラッ！　大の男が自分の頭で自分の頭を捜して何とする！〟と（典拠未詳、語はさきの演若達多の故事をふまえる）。

　おまえがこの言下、自分自身に立ち返って他に求めることをやめ、自己の身心が祖仏と何の別もないと知って、その場でただちに無事となる。それをこそ得法というのである」。

「祖師西来意」など存在しないと、臨済はいう。外に「馳求」することをやめ、自分自身に立ちもどれば、何も格別の仔細は無い。ただ「祖仏と別ならざる」、本来「無事」の自己がそこにあるのみだからである。「得法」とは新たに何も得る必要のない自己、それに気づくだけのことであり、だから「得とは不得」だということになる。その本来の自己のほかに、もし得るべき「西来意」などというものがあったなら、そもそも達磨自身「無事」から転落して、自らをも救い得なかったに相違ない。

　臨済は、あるとき、熊耳山《ゆうじ》（現、河南省）の達磨の墓塔を訪れている。

師到達磨塔頭。塔主云、「長老、先礼仏、先礼祖?」 師云、「仏祖倶不礼」。塔主云、「仏祖与長老是什麼冤家?」 師便払袖而出。
（《文庫》頁一九九／〔二七〕）

師、達磨の塔頭《たっちゅう》に到る。塔主《たっす》云く、「長老、先に仏を礼すや、先に祖を礼すや?」 師云く、「仏も祖も倶《とも》に礼《い》せず」。塔主云く、「仏祖は長老と是れ什麼《なん》の冤家《かたき》ぞ?」 師便《すなわ》ち払《ほっ》袖《しゅう》して出づ。

墓塔の守りをしている僧が問う、「さきに本殿の仏さまを拝まれますか、それとも達磨祖師の塔を拝まれますか」。

ごく字面どおりの意味にもとれるし、「祖意と教意は同か別か」――つまり、禅と仏説の間に異同や優劣があるかという、禅問答に常見の問いと掛けたものとも解しうる。だが、いずれにせよ、臨済にとって、それはどうでもよいことであった。

「仏も祖師も拝みはしない」。

塔主はいぶかって問う、「祖仏は御身とどういう仇になるというのです」。臨済は口もきかず、袖を払って出て行った。

祖仏が憎くて拝まぬのではない、当の己れがその「祖仏」なのだ。だから、それを外なる対象物として拝むことが、そもそもスジちがいなのである。それに言い伝えによれば、達磨は死後、棺の中に片方の履き物だけをのこして西天へ帰って行ったという。達磨の塔頭といったところで、なかみはもぬけのカラではないか。だが、そんなことを説いたところで、ラチのあくような相手でもない。せいぜい、空っぽの墓の守りでもしておるがよい。

第七章　無事《ぶじ》是れ貴人《きにん》——修行の否定と平常無事

地獄ゆきの業

このようであるから、仏や悟りを求めて修行するということも、余計な業つくりのわざとして一蹴されることになる。臨済は「乃至《ひい》ては孤峯に独宿し、一食卯斎《いちじきぼうさい》、長坐不臥《ちょうざふが》、六時行道《ろくじぎょうどう》するも、皆な是れ造業《ぞうごう》底の人」（《文庫》頁一二八／〈四九〉）という。人跡を絶した山中にひとり隠棲し、戒律どおり日に一度のみの食事をとり、常に坐禅して横にならず、定時の勤行を欠かさない、そのように完璧に仏事を修め得たとしても、それらは皆な地獄行きの業を拵《こしら》えているに過ぎぬと言うのである。

臨済はさらに次のようにも説いている。

你諸方言道、有修有証。莫錯！　設有修得者、皆是生死業。你言六度万行斉修、我見皆是造業。求仏求法即是造地獄業。求菩薩亦是造業。看経看教亦是造業。仏与祖師是無事人。所以有漏有為、無漏無為、為清浄業。有一般瞎禿子、飽喫飯了便坐禅観行、把捉念漏不令放起、厭喧求静、是外道法。祖師云、「你若住心看静、挙心外照、摂心内澄、凝心入定、如是之流皆是造作」。……　　（《文庫》頁七四／〈四六〉）

你《なんじ》ら諸方言《い》いて道《いわ》く、修有り証有りと。錯《あやま》る莫れ！　設《たと》い修め得る者《もの》有るも、皆な是れ生死《しょうじ》の業《ごう》。你《なんじ》、六度万行《ろくどまんぎょう》斉《ひと》しく修むと言うも、我れの見るに皆な是れ造業《ぞうごう》なり。仏を求め法を求むるは即ち是れ地獄の業を造るなり。菩薩を求むるも亦《ま》た是れ造業。経を看《よ》み教を看《よ》むも亦た是れ造業。仏と祖師は是れ無事の人、所以《ゆえ》に、有漏有為《うろうい》も、無漏無為《むろむい》も、清浄《しょうじょう》の業と為る。

有る一般の瞎禿子《かつとくす》、飽《たらふ》く飯《めし》を喫《く》い了《おわ》るや、便ち坐禅観行し、念漏を把捉《とら》えて放起《おこ》さしめず、喧《かまびすしき》を厭《いと》い静《しずけさ》を求《もと》む、是れ外道《げどう》の法なり。祖師云く、「你若《なんじも》し〝住心看静、挙心外照、摂心内澄、凝心入定〟せば、如是《かくのごとき》の流《たぐい》は、皆な是れ造作《はからい》なり」と。……

汝らはみなどこでも、修行が有って悟りが有る、と言っている。だが、間違っては、いかん！　修め得るようなものが有ったところで、すべて生死輪廻の業つくりでしかない。六度万行をのこらず修めたとしても、わしにはすべて業つくりにしか見えぬ。「仏」を求めるのも「法」を求めるのも、地獄行きの業つくりであり、「菩薩」を求めるのも、経典仏説を読むのも、みな業つくりのしわざでしかない。仏や祖師は無事の人である。だから、仏や祖師にとっては、迷いの行いも悟りの行いも区別なく、すべてが清浄の行為となる。

ところがある種の愚かなハゲ坊主どもは、腹いっぱい飯を食っては坐禅・観行にふけり、雑念・妄想が起こらぬように押さえつけ、喧噪を避け静寂を求めておる。こんなのはまさに外道の法である。祖師も言うておられる、「心を固定して清浄を観じ、心を起して外面を照《うつ》し、心を収斂して内面を澄ませ、心を凝集して三昧に入る——かかる類《たぐい》はみな拵《こしら》えごとに外ならぬ」と（盛唐の荷沢神会《かたくじんね》の語。詳しくは小川『神会——敦煌文献と初期の禅宗史』唐代の禅僧二、臨川書店、二〇〇七年、参照）。

ことさら「仏」や「法」を得ようとする行為、それを臨済は、すべて地獄ゆきの業つくりと非難する。経典の学習や勤行の励行はおろか、坐禅さえもが、そうなのである。

仏に逢うては仏を殺し

達磨の墓塔を訪れたとき、臨済は「仏も祖も倶に礼せず」と断言していた。だが、それは、「仏」や「祖」という外在的な権威を認めない、というだけのことではない。もし、それを敷衍して、自らの内なる仏祖を信ぜよ、などと説いたならば、臨済からただちに一喝されること必定である。外のみならず、自らの内にもそうした聖なる価値を定立しない、それが臨済の立場だからである——

大徳、山僧説向外無法、学人不会、便即向裏作解、便即倚壁坐、舌拄上齶、湛然不動、取此為是祖門仏法也。大錯！　（《文庫》頁一〇九／（四七））

大徳、山僧《われ》、外に向《お》いて法無しと説《い》わば、学人会《え》せずして、便即《すなわ》ち裏《うち》に向《お》いて解《げ》を作《な》し、便即《すなわ》ち壁に倚《よ》りて坐し、舌は上齶《うわあご》を拄《ささ》えて、湛然《たんねん》として動かず、此を取りて是れ祖門が仏法なりと為す。大いに錯《あやま》れり！

諸君、わしが己れの外に法は無いと言えば、修行者たちは誤解して、すぐ自己の内面に理屈を求め、壁に寄りかかって坐禅し、舌先を上アゴにぴったりつけて不動の境地に入り、これぞ禅門の仏法なりと思いなす。間違いも甚だしい！

道流、有一般禿子便向裏許著功、擬求出世之法。錯了也！　若人求仏、是人失仏。若人求道、是人失道。若人求祖、是人失祖。（《文庫》頁一三八／〔五一〕）

道流《どうる》、一般《あるてあい》の禿子《とくす》有り、便ち裏許《うち》に向《おい》て功を著《つ》け、出世の法を求めんと擬《ほっ》す。錯了也《あやまれり》！　若し人、仏を求めなば、是の人、仏を失わん。若し人、道を求めなば、是の人、道を失わん。若し人、祖を求めなば、是の人、祖を失わん。

諸君、ある種のハゲ坊主どもは、何かというと、自己の内面に修行の努力を費やし、それで出世間《しゅっせけん》の法を求めようとしておる。間違っておる！　人が仏を求めれば、その者は仏を失い、人が道を求めれば、その者は道を失い、人が祖を求めれば、その者は祖を失うであろう。

「仏に逢うては仏を殺し　祖に逢うては祖を殺す」、あまりにも有名なこの一句も、実はこうした文脈で説かれたものであった——

道流、你欲得如法見解、但莫受人惑。向裏向外、逢著便殺。逢仏殺仏、逢祖殺祖、逢羅漢殺羅漢、逢父母殺父母、逢親眷殺親眷、始得解脱、不与物拘、透脱自在。

（《文庫》頁九六／〔四七〕）

道流《どうる》、你《なんじ》ら如法《にょほう》の見解《けんげ》を得んと欲さば、但《た》だ人惑《にんわく》を受くる莫《なか》れ。裏《うち》においても外においても、逢著《あわ》ば便《すなわ》ち殺せ。仏に逢わば仏を殺し、祖に逢わば祖を殺し、羅漢に逢わば羅漢を殺し、父母に逢わば父母を殺し、親眷《しんけん》に逢わば親眷を殺す、かくて始めて解脱を得、物の与《ため》に拘《とら》われず、透脱自在とならん。

諸君、如法の見解を得たければ、ともかく人の惑わしを受けてはならぬ。自己の内においても外においても、出逢えばすべて殺すのだ。仏に逢えば仏を殺し、祖師に逢えば祖師を殺し、羅漢に逢えば羅漢を殺し、父母に逢えば父母を殺し、親族に逢えば親族を殺す、そうであって始めて解脱が得られ、外物に拘束されず、自由自在となれるのだ。

仏祖を殺し、羅漢を殺し、父母を殺し、親眷を殺す——いかにも物騒なもの言いだが、これらはむろん喩えである。自己の内外に聖なる価値を一切定立しないこと、それを「殺す」

といっているのである。
曹山本寂《そうざんほんじゃく》に次のような問答がある。

問、「国内按剣者誰？」師云、「曹山」。僧曰、「擬殺何人？」師曰、「但有一切惣殺」。云、「忽逢本生父母時作摩生？」師云、「揀什摩？」僧云、「争奈自己何？」師云、「誰奈我何？」僧云、「為什摩不殺？」師云、「勿下手処」。
（『祖堂集』巻八・曹山章、頁三一三）

問う、「国内に剣を按ずる者は誰《たれ》ぞ？」師（曹山）云く、「曹山《われ》なり」。僧曰く、「何人《なにびと》をか殺さんと擬《ほっ》す？」師曰く、「但有《あらゆる》もの一切惣《すべ》て殺す」。云く、「忽《たちま》ち〝本生《ほんしょう》の父母〟に逢《あ》う時は作摩生《いかん》？」師云く、「什摩《なに》をか揀《えら》ばん？」僧曰く、「〝自己〟を争奈何《いかん》せん？」師云く、「誰《たれ》か我を奈何《いかん》せん？」僧云く、「為什摩《なにゆえ》にか殺さざる？」師云く、「手を下す処勿《な》し」。

国内で刀を抜こうとする者、すなわち、自己の内面にあって否定の刃をふるおうとする者、それはいったい誰か。曹山はいう、「ほかでもない、この曹山《わし》だ」。では、その刃で何者を殺そうとなさるのか。「ありとあらゆる物を殺し尽くす」。では、もし「本生の父母」――自己を成り立たせている内なる根拠――それに出逢うたら、どうなさいます。「それを別扱いにする理由はない」。なら、それを殺す「自己」自身はどうされます。「このわしのことは、誰にも何ともしようがない」。一切を殺し尽くすといいながら、なにゆえ「自己」のみは殺さぬのです。曹山いわく、「手の下しようが無いからだ」。

自己のみはいかなる否定もよせつけぬ確固不動のものだ、というのではない。真の自己は無相であり、いかなる行為の対象物にもなりえない。否定の客体たるべき「自己」なるものがそもそも措定され得ないのだ、というのが曹山の意であろう。

曹山にはもうひとつ、次のような問答もある。

問、「教中有言〝殺一闡提、獲福無量〟。如何是闡提?」師云、「起仏見法見者」。云、「如何是殺?」云、「不起仏見法見是殺」。……　（同、頁三一四）

問、「教中に言うこと有り〝一闡提《いっせんだい》を殺さば、福を獲《う》ること無量〟と。如何なるか是れ闡提?」師〔曹山〕云く、「仏見・法見を起す者なり」。云く、「如何なるか是れ殺?」云く、「仏見・法見を起さざる、是れ殺なり」。……

僧が問う、経文に、一闡提を殺せば、無量の福が得られる、とあります。その一闡提とは何のことでしょう。一闡提は仏性をもたぬ者のことで、これが何の経かは未詳だが、『涅槃経』には「一闡提を殺すは、殺しの罪有ること無し」と見える。曹山はいう、「〝仏〟や

〝法〟という聖なる観念を立てる者のことだ」。では、それを殺すとは、どういうことなのでしょう。「〝仏〟や〝法〟という聖なる観念を立てぬことだ」。

臨済の言う「仏に逢わば仏を殺し」「父母に逢わば父母を殺し」云々も、これと同じことである。それは、自己の内面にいかなる聖性も定立しないという譬喩に外ならない。

金の屑は貴くとも……

だが、かくいう臨済にも、次のような失敗があったことを『臨済録』は書き記している。

王常侍一日訪師、同師於僧堂前看、乃問、「這一堂僧還看経麼?」師云、「不看経」。侍云、「還学禅麼?」師云、「不学禅」。侍云、「経又不看、禅又不学、畢竟作箇什麼?」師云、「総教伊成仏作祖去」。侍云、「金屑雖貴、落眼成翳、又作麼生?」師云、「将為你是箇俗漢」。

（《文庫》頁一六五／（二一五））

王常侍、一日、師（臨済）を訪ね、師と同《とも》に僧堂の前に於て看て、乃《すなわ》ち問う、「這《こ》の一堂の僧、還《は》た経を看《よ》む麼《や》?」師云く、「経を看《よ》まず」。侍（王常侍）云く、「還《は》た禅を学ぶ麼《や》?」師云く、「禅を学ばず」。侍云く、「経も又た看《よ》まず、禅も又た学ばず、畢竟《ひっきょう》、箇の什麼《なに》をか作《な》す?」師云く、「総《すべ》て伊《かれ》らをして〝仏〟と成り〝祖〟と作《な》り去らしむ」。侍云く、「〝金屑《きんせつ》は貴しと雖《いえど》も、眼《まなこ》に落つれば翳《かげ》と成る〟は、又た作麼生《いかん》?」師云く、「你《なんじ》は是れ箇の俗漢かと将為《おも》えり……」。

ある日、王常侍が臨済院を訪れ、臨済とともに僧堂のようすを見て問うた。「僧堂いっぱいのこの僧たちは、経典を読むか」。

「いや、経は読みませぬ」。

「では、禅を学ぶか」。

「いや、禅も学びませせぬ」。

「経も読まず、禅も学ばず、となると、つまるところ、何をやっておるのか」。

「こやつらをみな〝仏〟と成らせ〝祖〟と成らせようとしておるのです」。

「〝金の屑は貴いけれども、眼に入ると翳りとなる〟という言葉がござるが、その点は如何か」。

「いや、お手前のことを、てっきり、ただの俗人かと思うておったもので……」。

寺を訪れた有力な外護者《げご》、王常侍に対し、臨済はいささか得意げに言う。うちの僧たちは経も読まねば禅も学ばぬ、と。そこではすでに、仏説や禅道の聖性を否定するという行為自体が、誇るべき新たな価値として定立されている。いわば、聖性の否定を神聖視するという次の矛盾が萌しているのである。それがさらに「仏祖」に成るという目的に結びつけられるに至っては、王常侍もひとこと疑義を呈しないわけにはゆかなかった。あなたがた禅宗では、「金屑《きんせつ》は貴しと雖《いえど》も、眼《まなこ》に落つれば翳《かげ》と成る」――高い価値をもつ黄金の粉も、眼のなかにはいると幻影のもととなる、そう説くのではなかったか、と。

この成句は、聖なる価値は、聖なるがゆえに人を執着に陥らせるという意味で、「金鎖《きんさ》の難（自己を縛る黄金の鎖）」「解脱《げだつ》の深坑《しんこう》（悟りという名の深き陥穽）」などの禅語とも通じあう。かつて中唐の詩人、白居易《はくきょい》が、長安で馬祖の弟子、興善惟寛《こうぜんいかん》に道を問うて四組の問答を書きのこし、その第三問答を次のように記している。第二問の答えで惟寛が「垢《けがれ》と浄《きよき》とに無論《かかわら》ず、一切、念を起す勿《なか》れ」と説いたのを受けたやりとりである。

第三問に云く、「垢《く》は即ち念ず可《べ》からざるも、浄《じょう》も念ずる無きは可《か》ならん乎《や》？」師曰く、「人の眼睛《ひとみ》の上に、一物《いちもつ》も住《とど》む可《べ》からざるが如し。金屑は珍宝なりと雖も、眼《まなこ》に在りては亦《ま》た病《やまい》と為る」。（白居易「伝法堂碑」／『景徳伝灯録』巻七・興善惟寛章、禅文化研究所訓注本第三冊、頁七二、参照）

不浄はおろか、清浄なる観念をさえ起こしてはならぬ――惟寛と白居易のこの話を、王常侍もあるいは読み知っていたのであろうか。いずれにせよ、ここで王常侍は、この成句をもち出すことによって、「仏」や「祖」をことさら目指すべき高次の理念として措定する臨済の言に、いささか異議をとなえているのである。

これはワシとしたことが、と、臨済は、おそらく決まり悪げに言いつくろった、「いや、常侍どののことを、てっきり、一介の俗人とばかり将為《おも》いこんでおったもので……」。「将為（将謂）」は、実際に反して、そうだとばかり思い込むという意味の「おもう」（現代中国語の「以為」にあたる）。そうかと思っていたら実は違っていた、という含みで用いられるのが常である。常侍どのを見くびり、方便のつもりで、つい俗耳に入りやすい言い方をしてしまった。これはたしかに自分が不用意であったと、さすがの臨済も頭を下げるほかなかったのであった。

　もっとも、この話は『祖堂集』雪峯章に昔のある僧の逸話として載っており、もともと臨済の話でなかったものが、のちに『臨済録』に取り込まれたものであるらしい（《文庫》頁一六五注）。たしかに、自らが「仏祖である」というのが馬祖や臨済らしい言い方であって、「仏祖に成る」という言い方はいかにも臨済に似つかわしくない。自己の内外を問わず、獲得すべき聖なる客体として「仏祖」を措定することは、臨済の厳しく禁ずる所だからである。そうした齟齬を犯しながら、臨済にとってあまり名誉とも思えないこうした話が、なぜ、わざわざここに加えられたのか。その意図や経緯は明らかでないが、結果から言えばこの挿話によって、『臨済録』という書物を否定一辺倒の単調さから救う、ある種の余裕がもたらされているように思われる。この書物の編者は、あるいは我々に、聖性の否定が新たな「金鎖」になる——否定の論理が自己目的化して新たな呪縛となる——という問題を考えさせようとしているのではあるまいか。

木仏を焼いたのは誰の罪か？

聖性の否定は、臨済に限らず、禅宗一般の顕著な傾向のひとつである。だが、それと同時に、その否定じたいが硬直した一つの型となることも、また、禅者の深く忌む所であった。唐の丹霞《たんか》天然《てんねん》が木の仏像で焚き火をして暖をとったという有名な話は、岡倉《おかくら》天心《てんしん》の『茶の本』第三章（一九〇六年）以来、禅の「偶像破壊的（iconoclastic）」精神を示す好例として、たびたび禅に関する英文著作にも引かれてきた。最も古い記録である『祖堂集』巻四・丹霞和尚章によれば、それはもともと次のような話であった。

後於恵林寺遇天寒焚木仏以禦次、主人或譏。師曰、「吾茶毘覓舎利」。主人曰、「木頭有何也！」師曰、「若然者、何責我乎？」主人亦向前眉毛一時堕落。（頁一五七）

後、恵《え》林《りん》寺に於て天の寒きに遇い、木仏《もくぶつ》を焚きて以って禦《ふせ》げる次《おり》、主人の或るもの譏《そし》る。師（丹霞）曰く、「吾れ茶毘《だび》して舎利を覓《もと》む」。主人曰く、「木頭に何か有る！」師曰く「若《も》し然《しか》らば、何ぞ我れを責めん乎《や》？」主人亦《ま》た前に向《お》いて眉毛《びもう》一時に堕落《おち》たり。

のち、恵林寺で、たまたまひどく寒い日があった。そこで丹霞が木の仏像を焚いて寒さをしのいでいたところ、その寺の住僧のひとりが非難した。すると丹霞、「いや、茶毘にふして、仏舎利をいただこうと思うてな」。

僧、「木に何が有るというのだ！」

丹霞、「それなら、何も、責められるいわれは無いではないか」。

僧はその場で、眉毛《まゆげ》が抜け落ちてしまった。

丹霞について臨済は、「丹霞和尚の如きは、翫珠隠顕《がんじゅおんけん》（『翫珠吟』の詩によって般若の霊性を自在に隠顕させ）、学人の来る者、悉《ことごと》く皆な罵《のの》しらる」と称えている（《文庫》頁一一六／（四七））。「眉毛堕落」は、偽りの法を説く者は法罰によって眉毛が抜け落ちるという信仰に基づく記述で、臨済もインチキ坊主の説法ぶりを非難して、「你《なんじ》ら看よ、眉毛《びもう》、幾茎か有る——看てみろ、あの手合いに、眉毛《まゆげ》が何本のこっておるか」と罵倒している（《文庫》頁九四／（四七））。したがって、木仏を焚いた丹霞でなく、それを咎めた僧のほうが真実に背いていたのだ、というのが右の話の結論になるわけだが、それは、いったいなぜなのか（「主人」は客に対してその家の人、地元の人。「木頭」は口語で「木」のこと。「～頭」は名詞の接尾辞）。

『祖堂集』はこの話につづけて、さらに次のような一段を書き記している。

有人問真覚大師、「丹霞焼木仏、上座有何過？」大師云、「上座只見仏」。進曰、「丹霞又如何？」大師云、「丹霞焼木頭」。

人有り、真覚《しんかく》大師〔斉雲霊照〕に問う、「丹霞《たんか》、木仏《もくぶつ》を焼きしに、上座に何の過《とが》か有る？」大師云く、「上座は只だ〝仏〟を見しのみ」。進みて曰く、「丹霞は又た如何《いかん》？」大師云く、「丹霞は木頭を焼けり」。

後世のこと、ある人が真覚大師に問うた、「木仏を焼いたのは丹霞のほうなのに、上座に何の罪があったというのでしょう」。大師、「上座には〝仏〟しか見えていなかったのだ」。かさねて問う、「では、丹霞はどうだったのでしょう」。「丹霞は、木を焚いたのだ」。「木仏」は、寺僧にとっては尊き「仏」であり、丹霞にとってはただの「木」であった。禅に「偶像破壊」があるというならば、それは現に実在する偶像を力ずくで破砕するということではなく、ものごとを偶像視する意識がそもそも無い、という意味でなければならない。偶像は人の希求の投影であり、人の心がそれを偶像とすることによって始めて偶像たりうるものであろう。唐代の禅者たちは事物に聖なる意味や価値を付与しようとする、そうした偶像産出の意識のほうを問題にしているのである（さきに引いた曹山本寂の二つの問答を参照されたい）。

この一件に関しては、さらに投子《とうす》大同《だいどう》が、師の翠微《すいび》無学《むがく》に次のように問うている。翠微は丹霞の弟子で、それが羅漢像の供養をしていた時の問答である。

師又問、「曾聞丹霞焼木仏、和尚何以供養羅漢？」翠微云、「焼亦焼不著、供養亦一任供養」。

（『祖堂集』巻六・投子大同章、頁二二八）

師〔投子〕又た問う、「曾《かつ》て聞く丹霞《たんか》は木仏《もくぶつ》を焼くと、和尚〔翠微〕は何以《なにゆえ》にか羅漢を供養す？」翠微云く、「焼くも亦《ま》た焼き不著《えず》、供養するも亦た供養するに一任す」。

投子が翠微に問う、「師匠の丹霞禅師は木仏を焼かれたというのに、和尚はどうして羅漢像の供養などなさるのです」。翠微、「焼いたとて焼けるものではない、供養するなら思うままに供養したらよい」。

真の仏は火をつけたところで燃えるものではない。像は供養したとて、何のさしさわりが有るものでもない。偶像破壊にこだわることは、実は偶像を実体視している――破壊の客体としての偶像を自ら心のなかに作り出している――ことの裏返しの表れであろう。翠微はそのことを、肩肘はらず淡々と説いているのである。

平常心是道《びょうじょうしんぜどう》――あたりまえの心

聖なる価値を定立しようとする意識も、それをムキになって否定しようとする意識も無い、あるがままの、ただあたりまえのありかた。それを唐代の禅者が「平常《びょうじょう》」といい「無事《ぶじ》」と言っていたことは、これまでの引用にもたびたび見えた。馬祖も示衆《じしゅう》（衆僧への説法）で、次のように説いている。

道不用修、但莫汚染。何為汚染？　但有生死心、造作趣向、皆是汚染。若欲直会其道、平常心是道。……只如今行住坐臥、応機接物、尽是道。……　（『馬祖の語録』頁二二）

道は修するを用いず、但《た》だ汚染《おぜん》する莫《なか》れ。何をか汚染と為す？　但有《あらゆ》る生死《しょうじ》の心、造《ぞう》作《さ》・趣向《しゅこう》は、皆な是れ汚染なり。若《も》し直《じき》に其の道を会《え》さんと欲さば、平常心《びょうじょうしん》是れ道なり。……只だ如今《にょこん》の行住坐臥《ぎょうじゅうざが》、応機《おうき》接物《せつもつ》は、尽《ことごと》く是れ道なり。……

「道」は修める必要の無いもの。ただ、汚さぬようにするだけだ。「道」なるものを拵《こしら》えようとすることさらな作為（造作）、「道」を対象物として措定し、それに向かってゆこうとすることさらな目的意識（趣向）、それらはみな「道」を汚すものでしかないのである。

もし「道」そのものをずばりと体得しようと思うなら、自己の「平常心《びょうじょうしん》——あたりまえの心」、それこそが「道」に外ならない。……だから、そのあたりまえの心によって今現に営まれている、行住坐臥や物事への対応、それらもまた、すべて「道」そのものに外ならないのである。

この「平常心」について問われた際、長沙景岑《ちょうさけいしん》は次のように答えている。長沙は馬祖の弟子の南泉普願《なんせんふがん》から法を嗣いだ人である。

問、「如何是平常心？」師云、「要眠則眠、要坐則坐」。僧云、「学人不会」。師云、「熱則取涼、寒則向火」。（『祖堂集』巻一七、頁六四三）

問う、「如何なるか是れ平常心？」師云く、「眠らんと要《ほっ》すれば則ち眠り、坐せんと要《ほっ》すれば則ち坐す」。僧云く、「学人《それがし》会せず」。師云く、「熱ければ則ち涼を取り、寒ければ則ち火に向かう」。

僧が問う、「平常心」とは如何なるものぞ。長沙はいう、「眠ければ眠り、坐りたければ坐る」。「わたくしには解りません」。「暑ければ涼み、寒ければ火にあたる」。

無事《ぶじ》是れ貴人《きにん》——よけいなものが何も無い人

いっぽう「無事」については、六祖恵能《ろくそえのう》の弟子、司空本浄《しくうほんじょう》がある「禅師」をたしなめた次の言葉が参考になる。

道本無修、禅師強修。道本無作、禅師強作。道本無事、強生多事。道本無為、於中強為、道本無知、於中強知。（『祖堂集』巻三、頁一三四）

道は本《もと》と無修なるに、禅師《そこもと》は強《あなが》ちに修す。道は本と無作《むさ》なるに、禅師《そこもと》は強《あなが》ちに作《な》す。道、は本と無事なるに、強ちに多事を生ず。道は本と無為なるに、中に於て強《あなが》ちに為《な》し、道は本と無知なるに、中に於て強《あなが》ちに知る。

「道は本と無事なるに、強《あなが》ちに多事を生ず」。「多事」はすでに看た「多子《たす》」と同義。多数の事ではなく、よけいな事。「道」に聖なる意味づけをし、それを対象化して追い求めようとする行為、すなわち馬祖のいう「造作」「趣向」がこれに当たる。「無事」とは、そうしたくだくだしきよけい事のない、ただあるがままの「平常」のありかた、ということである。

臨済はいう――

無事是貴人。但莫造作、祇是平常。你擬向外傍家求過、覓脚手、錯了也。

《文庫》頁四六／〔四〇〕

無事是れ貴人《きにん》。但《た》だ造作《ぞうさ》する莫《なか》れ、祇《た》だ是れ平常なれ。你《なんじ》ら外に向って傍家《のきなみ》に求め過《ゆ》きて、脚手《たすけ》を覓《もと》めんと擬《ほっ》さば、錯《あやまれ》り了也。

「無事」であるのこそ貴き人。ともかく拵《こしら》えごとをしてはならぬ。ただ、「平常《あたりまえ》」であるのみだ。外で一軒一軒たずね歩いて、自分を助けてくれる者を得ようとすれば、もうすでに誤ってしまっているのである。

随処《ずいしょ》に主《しゅ》と作《な》る——どこにあってもあるがままの主人公

臨済は、さらに次のようにも言う。

道流、仏法無用功処。祇是平常無事。屙屎送尿、著衣喫飯、困来即臥。愚人笑我、智乃知焉。古人云、「向外作工夫、総是痴頑漢」。你且随処作主、立処皆真。……

《文庫》頁五〇／〔四一〕

道流《どうる》、仏法は用功《ゆうこう》の処《ところ》無し。祇《た》だ是れ平常無事、屙《あ》屎送尿《しそうにょう》、著衣喫飯《じゃくえきっぱん》、困じ来れば即ち臥す。愚人は我れを笑うも、智《ち》は乃ち焉《これ》を知る。古人云く、「外に向って工夫《くふう》を作《な》すは、総《すべ》て是れ痴頑《ちがん》の漢」。你《なんじ》ら且《しば》らく随処に主と作《な》れば、立処皆《み》な真なり。……

諸君、仏法には修行の余地など無い。ただ、平常無事であるのみだ。クソをたれ小便をし、服を着て飯を食い、眠くなったら眠るだけ。愚か者はこんなわしを笑うけれど、智者にだけはその心がわかるだろう。古人も言うておる、「外に求めて努力するのは、みな痴《し》れものにほかならぬ」と。お前たち、まずはその場その場で主人公たれ。さすれば己れのいる場がすべて真実の場となろう（「困来即臥。愚人笑我、智乃知焉」および「向外作工夫、総是痴頑漢」の部分は、懶瓚《らんさん》『楽道歌』からの引用。詳しくは、土屋・衣川・小川「懶瓚和尚

『楽道歌』攷――『祖堂集』研究会報告之三」『東洋文化研究所紀要』一四一、二〇〇一年、参照)。

「随処に主と作る」は、往々理解されているように、すべてを斥けてわが道を行くという、勇猛果敢の気概を表現した言葉では本来ない。むしろ虚勢も虚飾もない、他愛ないほどのあたりまえさ、それがこの語の表す気分だったのである。激烈な聖性否定の精神がこうした平凡な日常性の肯定と表裏一体になっている点、そこに唐代禅の重要な特徴があるのであった。

第八章　無位《む》《い》の真人《しんにん》

面前聴法底《めんぜんちょうぼうてい》——今ここで説法を聴いている汝その人

では、「本来無事」なる自己とは、いかなる自己のことなのか。臨済の次の説法は、これまで看てきた論点をよく集約し、「無事の人」の要件を頗る明確に示している。

道流、祇如自古先徳皆有出人底路。如山僧指示人処、祇要你不受人惑。要用便用、更莫遅疑。如今学者不得、病在甚処？　病在不自信処。你若自信不及、即便忙忙地徇一切境転、被他万境回換、不得自由。你若能歇得念念馳求心、便与祖仏不別。你欲得識祖仏麼？　祇你面前聴法底是。学人信不及便向外馳求。設求得者皆是文字勝相、終不得他活祖意。莫錯！　諸禅徳。此時不遇、万劫千生輪廻三界、徇好境掇去、驢牛肚裏生。道流、約山僧見処与釈迦不別。今日多般用処、欠少什麼？　六道神光、未曾間歇。若能如是見得、祇是一生無事人。　《文庫》頁三三／〔三九〕

道流《どうる》、古《いにしえ》よりの先徳の祇如《ごと》きは、皆な人に出《まさ》る底の路《みち》有り。山僧《われ》の人に指示《しめ》せる処の如きは、祇《た》だ你《なんじ》に人惑《にんわく》を受けざらんことを要《もと》むるのみ。用いんと要《ほっ》せば便《すなわ》ち用いよ、更に遅疑する莫《なか》れ。如今《いま》の学者の得ざるは、病、甚処《いずく》にか在る？　病は自ら信ぜざる処に在り。你若《なんじも》し自信不及《じしんふぎゅう》なれば、即便《すなわ》ち忙忙地に一切境に徇《したが》いて転じ、他《か》の万境に回換《えかん》されて、自らに由るを得ざらん。你若《なんじも》し能《よ》く念念馳求《ちぐ》の心を歇《や》め得《う》れば、便ち祖仏と別ならず。你《なんじ》、祖仏を識らんと欲《ほっ》得する麼《や》？　祇《まさ》に你《なんじ》、面前に聴法《ちょうぼう》せる底《もの》こそ是れなり。学人、信不及にして便ち外に向《お》いて馳求《ちぐ》す。設《たと》い求め得たる者も皆な是れ文字《もんじ》の勝相なるのみ、終に他《か》の活祖意を得ず。錯《あやま》る莫《なか》れ！　諸禅徳よ。此の時に遇わざれば、万劫千《まんごうせん》生《しょう》、三界《さんがい》に輪廻《りんね》し、好境に徇《したが》いて掇《てっ》し去って、驢牛《ろご》の肚裏《ずり》に生れん。道流《どうる》、山僧《われ》の見処に約さば釈迦と別ならず。今日多般《たはん》の用処《ゆうしょ》、什麼《なに》をか欠少《かんしょう》す？　六道《むすじ》の神光、未だ曾て間歇《かんけつ》せず。若《も》し能く如是《かくのごと》く見得《みう》れば、祇《た》だ是れ一生無事《ぶじ》の人なるのみ。

諸君、わが道の先人たちには、みな余人に勝るすぐれた路があった。それにひきかえ、わしの教えなどは、ただ汝らに「人惑《にんわく》」を受けるな、そう求めるだけのことである。やろうとする時は、ただちにやる。断じて躊躇してはならぬ。

今どきの修行者がモノにならぬ、その病根はいずこにあるか。それは、自らを信じない処にこそある。汝らが「自信不及《じしんふぎゅう》――自分自身を信じきれぬ」なら、たちまちあたふたと外境を追いかけてそれに転ぜられ、あらゆる外在の境にふりまわされて、自らを拠りどころとできぬことになる。

だが、逆に、そうした「馳求《ちぐ》」の心を止めることができたなら、汝らは、そのままで「祖《そ》仏《ぶつ》」と何の別もない。では、その「祖仏」に自ら会いたいか。それはほかでもない、わしの眼の前でこうして説法を聴いている汝ら自身、それがまさしくそれである。修行者たちはそのことを信じきることができず、外に「馳求」してしまう。だが、それによって得られたものがあったとしても、すべてはアリガタイ文字《もんじ》・言句《ごんく》の類にすぎず、活きた祖師の意とはしょせん無縁のものである。

　禅者たる一同の者たちよ、誤ってはならぬ。今この時を逃せば、未来永劫、迷いの世界に輪廻し、めでたき外境に引き回されて、ロバやウシの腹に生れ落ちるのが関の山である。

　諸君、わしの見処にもとづくならば、おのおのが釈迦と何の別もない。今この場での様々なはたらき、そこに何の不足があろう。六すじの霊妙な光は、一度として途切れたことが無い。そこのところが見て取れたなら、まさに一生「無事《ぶじ》」の人に外ならないのである。

　これをさらに要約すれば、こうなろう――㈠「人の惑わし」を受けるな、㈡己れの外に「馳求」するな、㈢自分自身を信じ切れ、㈣その自分自身は「祖仏」と別なく、「釈迦」と別なきものである、㈤といっても、何も特別のものではない、それは「祇《まさ》に你《なんじ》、面前に聴法《ちょうぼう》せる底《もの》」、すなわち現にこの場でこの説法を聴いている、汝その人のことに外ならない、㈥その汝の身には途切れることなくはたらきつづける「六《む》道《すじ》の神光」が具わっている、㈦それを如実に看て取る者が、つまり一生「無事」の人なのである。

六すじの霊妙な光

では、途切れることなき「六道の神光」とは何なのか。それが字面から想像されるような、超常的な霊力・神通力の類を言うのなら、「平常」「無事」の説とは甚だしく違背することになろう。

これについては、福州大安《ふくしゅうだいあん》（西院大安）の次の語が参考になる。

汝諸人各自身中有無価大宝、従眼門放光照山河大地、耳門放光領覧一切善悪音響、六門昼夜常放光明、亦名放光三昧。……（『祖堂集』巻一七、頁六二六／『景徳伝灯録』巻九・福州大安章、禅文化研究所訓注本第三冊、頁二九九、参照）

汝ら諸人、各自《おのおの》の身中に無価の大宝有り、眼の門従《よ》り光を放ちて山河大地《せんがだいち》を照らし、耳の門より光を放ちて一切善悪の音響を領覧し、六門より昼夜常《つね》に光明を放ち、亦《ま》た放光《ほうこう》三昧《ざんまい》とも名づく。……

「六門」から昼夜を分かたず放たれる光、それが六根《ろっこん》（眼・耳・鼻・舌・身・意）を通して常にはたらく身心の感覚作用の譬喩であることは右の文脈から明らかであろう。それを大安は身中の「無価の大宝」と称し、臨済は「六道の神光」と呼ぶ。いずれも自身に具わった感官のはたらきを光にたとえたものに外ならない。臨済が、真の「仏」「法」「道」はと問われて、「〝仏〟とは心の清浄さのこと。〝法〟とは心の光明のこと。〝道〟とは随処にはたらく礙《さまた》げなき浄《きよ》らかな光のこと」（《文庫》頁一二四／〔四八〕）と答え、さらに別の段で次のように説いているのも、すべて同種の譬喩と解せよう。

你要与祖仏不別、但莫外求。你一念心上清浄光、是你屋裏法身仏。你一念心上無分別光、是你屋裏報身仏。你一念心上無差別光、是你屋裏化身仏。此三種身、是你即今目前聴法底人。祇為不向外馳求、有此功用。（《文庫》頁三六／〔三九〕）

你《なんじ》ら祖仏と別ならざらんと要《ほっ》さば、但《た》だ外に求むる莫れ。你《なんじ》が一念心上の清浄光、是れ你《なんじ》が屋裏《おくり》の法身《ほっしん》仏なり。你《なんじ》が一念心上の無分別光、是れ你《なんじ》が屋裏《おくり》の報身《ほうじん》仏なり。你《なんじ》が一念心上の無差別光、是れ你《なんじ》が屋裏《おくり》の化身《けしん》仏なり。此の三種身、是《まさ》に你《なんじ》、即今目前に聴法せる底の人なり。祇《た》だ外に向いて馳求《ちぐ》せざるが為に、此の功用《はたらき》有り。

お前たち、祖仏と同じであろうと思うなら、ともかく外に求めてはならぬ。汝自身の一瞬一瞬の心にそなわる清浄の光、それが汝の家中の法身仏である。汝自身の一瞬一瞬の心にそなわる無分別の光、それが汝の家中の報身仏である。汝自身の一瞬一瞬の心にそなわる無差別の光、それが汝の家中の化身仏である。その三種仏身とは、ほかでもない、今この場でこの説法を聴いている、汝その人のことに外ならない。外に馳求しないからこそ、このはたらきが有るのである（このほかに、同じことを文殊・普賢・観音の三菩薩にたとえた説示もある。《文庫》頁六五／〔四四〕）。

眼においては見ると曰《い》い

光が心のはたらきの譬喩であることは明らかだが、これをそうした譬喩によらず、もう少し具体的に言うならば次のようになるであろう。

道流、心法無形、通貫十方。在眼曰見、在耳曰聞、在鼻齅香、在口談論、在手執捉、在足運奔。本是一精明、分為六和合。一心既無、随処解脱。山僧与麼説、意在什麼処？祇為道流一切馳求心不能歇、上他古人閒機境。（《文庫》頁三九／〔三九〕）

道流《どうる》、心の法は無形にして、十方に通貫す。眼に在りては見ると曰《い》い、耳に在りては聞くと曰い、鼻に在りては香を齅《か》ぎ、口に在りては談論し、手に在りては執捉《しゅしゃく》し、足に在りては運奔《うんぽん》す。本より是れ一精明《しょうみょう》の、分れて六和合《ろくわごう》と為れるなり。一心既《すで》に無ければ、随処に解脱せん。山僧の与麼《かくのごと》く説けるは、意、什麼処《いずく》にか在る？　祇《た》だ道流の一切馳求《ちぐ》心、歇《や》む能わず、他《か》の古人の閒機境《かんききょう》に上《のせ》らるが為なるのみ。

諸君、心なるものは特定の形《かたち》無く、あまねく十方に行きわたっている。それは眼においては「見る」といわれ、耳においては「聞く」といわれ、鼻においては「かぐ」、口では「話す」、手では「つかむ」、足では「歩く」というかたちで現れる。だが、それは、本来、一つの精明が、六根の和合という形に分かれ出たものに外ならない。そのほかに「心」という一つの実体が存在しない以上、随処で解脱するのである（身心のはたらきのほかに「心」という観念を別に立てる必要はない。そんなものを立てずとも、身心が活きてはたらいているその場その場で解脱が成就しているのである）。

わしがこのように説く、その意図はどこにあるか。それは諸君があらゆる「馳求」の心を止めることができず、古人の徒《いたず》らな方便――すなわち「人惑」――にひっかかっているからに外ならぬ。

臨済は他の段で「云何《いか》なるか是れ法。法とは是れ心の法なり。心法は無形にして十方に通貫し、目前に現に用《はた》らく」とも言っている（《文庫》頁四七／〈四〇〉）。右の「眼に在りては」云々は、『景徳伝灯録』巻三・達磨章に波羅提《はらだい》のものとして載せられている偈《げ》の一部であり、「本より是れ一精明の、分れて六和合と為れるなり」はもと『首楞厳経《しゆりようごんきよう》』の句で、ここでは身心の種々の作用・運動が一つの「心法」（仏性）の現れに外ならぬ、という趣旨の要約として引かれている。

右の一段に「一心既《すで》に無ければ」云々とあるのは、そうした身心の作用・運動のほかに独立の「心」なるものを立てなければ、という意味で、つまり現実態の作用は本来性の現れに外ならず、且つ、本来性もその作用を離れては存在しない、という意を示している。身心の生理的作用（現実態）をそのまま仏性（本来性）と等置するというこの種の考え方は、一般に「作用即性《さゆうそくしょう》」説などと称され、さきの「平常無事」とともに、唐代の禅、とくに馬祖系統の禅の基調をなすものとなっている。以下、馬祖から黄檗まで四つの例を引いてみるが、うち「 」を付した語が本来性に、傍点を付したものが現実態の作用に対応している。

馬祖はいう——

一切衆生、従無量劫来、不出法性三昧、長在法性三昧中、著衣喫飯、言談祇対。六根運用、一切施為、尽是法性。……（『馬祖の語録』頁二四）

一切衆生は、無量劫《むりょうごう》より来《このか》た、「法性」三昧を出《い》でず、長《つね》に「法性」三昧中に在りて、著衣喫飯し、言談祇対す。六根の運用、一切の施為は、尽《ことごと》く是れ「法性」なり。……

一切衆生は無限の過去より「法性」三昧を出ることなく、常に「法性」三昧のうちにあって、服を着、飯を食い、口をきき、人に応えているのである。六根のはたらき、一切の営みは、すべて「法性」ならざるはない。

また、いわく——

汝若欲識心、祇今語言、即是汝心。喚此心作仏、亦是実相法身仏、亦名為道。……今見聞覚知、元是汝本性、亦名本心。更不離此心別有仏。……

（『宗鏡録』巻九七引／『馬祖の語録』頁一九八）

汝若《も》し「心」を識《し》らんと欲さば、祇今《いま》語言する、即ち是れ汝が「心」なり。此の「心」を喚《よ》びて「仏」と作《な》し、亦た是れ「実相法身仏」にして、亦た名づけて「道」とも為す。……今、見聞覚知するは、元より是れ汝が「本性」にして、亦た「本心」とも名づく。更に此の「心」を離れて別に「仏」有るにはあらず。……

「心」なるものを看取したいなら、いま現にこうして話している、それこそが汝の「心」に外ならない。これを「仏」といい、「実相法身仏」といい「道」というのである。……いま現にこうして見聞覚知しているのが、そもそも汝の「本性」であり「本心」である。これを離れて別に「仏」が有るのではない。

馬祖の弟子、大珠慧《だいじゅえ》海《かい》もいう――

無有性外事。用妙者動寂倶妙、心真者語黙総真。会道者行住坐臥是道。為迷自性、万惑茲生。

（『頓悟要門』頁一八九）

「性《しょう》」外の事有ること無し。妙を用うれば動《どう》も寂《じゃく》も倶《とも》に妙、心《こころ》真なれば語《ご》も黙《もく》も総《すべ》て真。「道」を会すれば、行住坐臥する、是れ「道」なり。「自性」を迷《みうしな》うが為に、万惑茲《ここ》に生ず。

「自性」（仏性・法性）の外のことなど存在しない。妙用をなすときは動も静も妙、心が真であれば語も黙も真であり、「道」を会得すれば日常の起居動作が、すべてそのまま「道」なのである。あらゆる迷妄は、この「自性」を見失うことから生ずる。

さらに黄檗の『宛陵録《えんりょうろく》』にも次のようにある——

即心是仏。上至諸仏、下至蠢動含霊、皆有仏性、同一心体。所以達摩従西天来、唯伝一心法、直指一切衆生本来是仏、不仮修行。但如今識取自心、見自本性、更莫別求。云何識自心？　即如今言語者、正是汝心。……

（入矢『伝心法要・宛陵録』禅の語録八、筑摩書房、一九六九年、頁一三四）

即心是仏。上は諸仏に至り下は蠢動含霊《しゅんどうがんれい》に至るまで、皆な「仏性」、同一「心」体を有す。所以《ゆえ》に達摩、西天従《よ》り来り、唯だ「一心」の法をのみ伝え、一切衆生は本来是れ仏、修行を仮《か》らずと直指《じきし》せり。但だ如今《にょこん》、「自心」を識取し、自からの「本性」を見て、更に別に求むる莫れ。云何《いかん》が「自心」を識る？　即《まさ》しく如今《いま》言語する者、正に是れ汝が「心」なり。……

わが「心」こそが仏である。上は諸仏から下は虫けらまで、すべて「仏性」、すなわち同一の「心」の本体を有している、それゆえ達摩も西来して、その「一心」の真実を伝え、一切衆生はもとより仏、修行など必要ない、と直指せられたのである。だから、ともかく、この場で自らの「心」を看きわめ、自らの「仏性」を看て取って、己《おの》れの外に求めることをやめるのだ。では、自らの「心」を看て取るとは、どういうことか？　それは他でもない、いま現にこうして話している者、それこそが正に汝自身の「心」なのである。……

活鱍鱍地《かっぱつぱっち》——ピチピチと

表現は一見まちまちだが、いずれも本来性（「心」「仏」「道」「自性」「法性」等）と現実態の作用（「著衣喫飯《じゃくえきっぱん》」「言談祇対《げんたんしたい》」「六根運用」「一切施為《せい》」「語言」「見聞覚知《けんもんかくち》」「行住坐《ぎょうじゅうざ》臥《が》」等）、その両者の無媒介の等置を説いていることは明らかであろう。臨済の説く所も、思想としては、これら馬祖系の諸祖の延長線上にある。だが、臨済はそれを理論として説くことをせず、仏性の作用を一箇の人格的なイメージとして表象し、それを個々の学人と即座に同定するという説き方で直指する。臨済の斬新さは、そうした提示の仕方にあった。ありのままで仏であり、仏性とともに躍動し、己れの外に何ら求める必要のない自己、それを臨済は「一生無事《ぶじ》の人」と呼び、また「無依《むえ》の道人《どうにん》」「無位《むい》の真人《しんにん》」などと呼ぶ。そして、それを、現にこの場で説法を聴いている個々の学人とただちに重ねあわせてしまうのである。

臨済はいう――

……所以古人云、平常心是道。大徳、覓什麼物？　現今目前聴法無依道人、歴歴地分明、未曾欠少。你若欲得与祖仏不別、但如是見、不用疑誤。（《文庫》頁八〇／〔四六〕）

……所以《ゆえ》に古人云く「平常心《びょうじょうしん》是れ道」と。大徳、什麼物《なにもの》をか覓《もと》む？　現今《ただいま》目前に聴法せる「無依の道人」、歴歴地分明《ありありと》にして、未だ曾《かっ》て欠少《かけ》ず。你《なんじ》ら若《も》し祖仏と別ならざらんと欲得《ほっ》すれば、但《た》だ如是《かくのごとく》に見て、疑誤するを用いざれ。

……だから古人も言うておられる。「平常心が道である」と。だのに諸君は、そのうえ何を求めようというのか。いま現にこの場でわが説法を聴いている「無依の道人」、それはありありと明らかで、わずかも欠けたことがない。汝みずからが祖仏と同じでありたければ、ともかくここを看て取って、疑念や躊躇を容れぬことだ。

「歴歴地分明《ありありと》にして、未だ曾《かっ》て欠少《かけ》ず」、これが我が身の仏性の作用――未だ曾て間歇《かんけつ》せざる「六道《むすじ》の神光」――のことを表現していることは見やすい。そこを疑いもためらいもなく首肯する者、それこそが祖仏と別ならざる「無依の道人」であり、それはまさに今この場で説法を聴いている汝ら自身に外ならない。

また、いわく――

你若欲得生死去住脱著自由、即今識取聴法底人。無形無相、無根無本、無住処、活鱍鱍地。応是万種施設用処、祇是無処。所以覓著転遠、求之転乖、号之為秘密。

（《文庫》頁六一／〔四三〕）

你《なんじ》ら若《も》し生死に去住・脱著自由ならんと欲得《ほっ》さば、即今、聴法底の人を識取せよ。無形無相、無根無本、住《とどま》る処《ところ》無くして、活鱍鱍地《かっぱっぱっち》たり。応是《およ》そ万種《あらゆ》る施《せ》設《せつ》・用処《ゆうじょ》は、祇《た》だ是れ処《ところ》無し。所以《ゆえ》に覓《もと》著むれば転《うた》た遠く、求《もとむ》之れば転《うた》た乖《そむ》く、之を号して秘密と為す。

お前たち、もし生死に対して出入・脱着、自由自在ならんと願うなら、わが説法を聴いているその人を、今この場で看て取るのだ。それは姿形も根本ももたず、何処にも止まることなしに、ピチピチと活きている。ありとあらゆるそのはたらきには、まったく定まった在《あ》り処《か》が無い。だから、それを捜せばますます遠ざかり、それを求めればますますそれに違背してしまうのである。これ（この明らかなはたらき）こそが、真の秘密というものだ。

ここで説法を聴いている本人、それは固定された位置も形態も根底ももたず、「活鱍鱍《かっぱっぱっ》」

とはたらいている当の者に外ならぬ。それを客体として外に求めれば、却って乖離するばかりだと、臨済は説く。

「活鱍鱍《かっぱつぱつ》」もまた『臨済録』の印象的な語彙のひとつである。「鱍鱍《はつはつ》」はもと活きのよい魚がピチピチと跳ねるさまをいう擬態語で、唐詩にも、「魴魚《ほうぎょ》鱍鱍として色《いろ》銀に勝る」（杜甫「観打魚歌」）、「游魚は鱍鱍蓮《はす》は田田」（白居易「昆明春」）、「魚を買えば跳ねて鱍鱍」（『寒山詩』第一八六首）などの例がある（以上三例、項楚『寒山詩注』頁四八三の注による）。禅語としての「活鱍鱍《かっぱつぱつ》」の最も早い用例が、安史の乱ののち四川で独自の禅を挙揚した保唐寺無住という禅者の言に見えることは、すでによく知られている（小川『神会——敦煌文献と初期の禅宗史』第五章、参照）。

無住禅、不沈不浮、不流不注、而実有用。用無生寂、用無垢浄、用無是非。活鱍鱍、一切時中総是禅。（柳田聖山『初期の禅史Ⅱ——歴代法宝記』禅の語録三、筑摩書房、一九七六年、頁三〇四）

無住《それがし》が禅は、沈まず浮かず、流れず注がず、而も実に用《ゆう》有り。用《はたら》きて生《しょう》・寂《じゃく》無く、用《はたら》きて垢《く》・浄《じょう》無く、用《はたら》きて是《ぜ》・非《ひ》無し。活鱍鱍《かっぱつぱつ》として、一切時中総《すべ》て是れ禅なり。

無位《むい》の真人《しんにん》　是れ什麼《なん》たる乾屎橛《かんしけつ》ぞ！

自己の心こそが仏であり、自己は仏性の活きた作用によって絶えずあらゆる日常の営為・言動をなしている。だから、自己の外に仏を求めることは迷妄であり、自己はありのままで祖仏と何の別もない——「即心是仏」「作用即性」「平常無事」、馬祖禅の基調となるこの三つの考え方は、そのような論理によって一つに結びついている。

しかし、そのことは一般論としてでなく、身体をもった個々の学人の問題として説かれ、さらには、我が身の活きた実感として、学人自身に自得されねばならなかった。臨済はそれを多彩な語彙の駆使によって鮮やかに説き、また、激しい言動によって「目前に聴法せる」個々の学人に自ら感得させようとしたのであった。

そうした臨済の説法のなかで、最も人口に膾炙したのが「無位《むい》の真人《しんにん》」の説である。これだけがあまりに有名になって一人歩きし、のちには種々の拡大解釈や批判を招くことにもなる言葉だが、本来は以上のような臨済の所説を集約したものであり、『臨済録』全体の文脈とともに捉えられるべき語であった。

上堂云、「赤肉団上有一無位真人、常従汝等諸人面門出入。未証拠者、看！　看！」時有僧出問、「如何是無位真人？」師下禅牀、把住云、「道！　道！」其僧擬議、師托開云、「無位真人是什麼乾屎橛！」便帰方丈。（《文庫》頁二〇／〔一〇〕）

上堂云く、「赤肉団《しゃくにくだん》上に一の〝無位《むい》の真人《しんにん》〟有り、常に汝等《なんじら》諸人の面門従《よ》り出入す。未だ証拠《あき》らめざる者は、看よ！　看よ！」時に僧有り出て問う、「如何《いか》なるか是れ無位の真人？」師、禅牀《ぜんしょう》を下り、把住《はじゅう》して云く、「道《い》え！　道《い》え！」其の僧、議せんと擬《ほっ》するや、師托開《つきはな》して云く、「無位の真人、是れ什麼《なん》たる乾屎橛《かんしけつ》ぞ！」便ち方丈《ほうじょう》に帰る。

臨済が上堂していう、「この活き身の体の上に、一箇の〝無位の真人〟がおり、常におぬしらの六根を出入りしておる。それを確かめておらぬ者は、看よ！　看よ！」
そこで、一人の僧が進み出て問う。「〝無位の真人〟とは如何なるものにございますか？」聞くなり師は禅牀からとび下り、僧の胸倉を摑んで迫る、「さあ、言え！　言え！」言われて僧が口を開きかけたそのとたん、師は僧を突き放して吐き捨てた。「ふん、せっかくの〝無位の真人〟が、何というクソ同然のありさまか！」
臨済はそのまま、方丈に引き上げてしまった。

「赤肉団」は生身の肉体、「面門」は六根のこと（無著道忠『臨済録疏瀹』）。六根を通じて常に出入りしている「無位の真人」とは、間断なくはたらく仏性の作用――「六道《むすじ》の神光」――を擬人化したものに外ならない。それが「無位の」と形容されるのは、そのはたらきが形相も根本も住処ももたぬ「活鱍鱍《かっぱっぱっ》」たるものだということである。だが、それは理解の対象として説明されるのでなく、自ら身をもって「証拠《たしかめ》」られねばならぬ。さあ、はやくそれを自ら看て取らぬか、臨済は目前に聴法する個々の学人に激しく迫る。

だが、そこに進み出た僧は、それをまるで他人ごとのようにしか聞いていなかった。「その〝無位の真人〟とは、如何なるものにございますか？」

臨済はあわてて座を下り、僧につめよる。それをわしに問うのでなく、自ら看よと言うておるのだ。さあ、そこを、さっさと言うてみぬか！

胸ぐらをつかまれた僧は、おもむろに口を開こうとする。そこを臨済はただちに突き放す。「擬～（便）…」が「～しようとしたところ（すかさず）…」という緊密な呼応関係を表す句型であることは、すでに開堂説法のところで看た。僧は「無位の真人」を、なおも外在的な対象として理解し説明しようとしている。だが、それは、己れの外に客体として求めれば求めるほど、ますます遠ざかってしまう。僧にそのいとまを与えてはならない。臨済は僧の「遅疑」「疑誤」を断ち切るべく、すぱりと言い捨てた。「〝無位の真人〟たるせっかくの汝自身、それが何というクソ同然の体たらくか！」

「什麼～」が疑問でなく「何たる～！」という感嘆を表すこと、および「乾屎橛」が「くそかきべら」でなく干からびた棒状の糞そのものであること、いずれもプロローグで紹介した入矢の論文「乾屎橛」に、すでに詳しい考証がある。

だが、この老婆心切も、僧にはついに届かなかった。せめて後を引かぬよう、後ろも振りむかず、黙って自室に引き上げるしかない臨済であった。

定上座のものがたり

有名な「無位真人」の一段がこういう尻すぼみな形で終わっていることを、おそらく後世の人々は物足りなく思ったのであろう。現行の『臨済録』（すなわち⑶の段階の諸本）には、さきに「黄檗仏法無多子」の項で引いた「定上座《じょうじょうざ》」開悟の因縁が、次のような形で編入されている。「無位真人」の話に画竜点睛せんとしたものと想像されている（柳田『臨済録』仏典講座本、頁二二一、参照）。

有定上座到参、問、「如何是仏法大意？」師下縄床、擒住与一掌、便托開。定佇立。傍僧云、「定上座、何不礼拝！」定方礼拝、忽然大悟。（《文庫》頁一六九）

定上座なる有り、到り参じ、問う、「如何なるか是れ仏法の大意？」師、縄床より下り、擒住《きんじゅう》して一掌を与え、便ち托開《つきはな》す。定、佇立《ちょりゅう》す。傍《かたわ》らの僧云く、「定上座よ、何ぞ礼拝《らいはい》せざる！」定方《まさ》に礼拝するや、忽然《こつねん》と大悟せり。

定上座という者があって、臨済のもとに参じ、問う、「仏法の根本義とは如何なるものぞ」。臨済はすぐさま座を下り、その胸ぐらをつかんで平手打ちをくわせ、そのまま突き放した。茫然と立ちつくす定上座。そばにいた別の僧がうながす、「おい、定上座よ、なぜ礼拝せぬ」。いわれて定上座は礼拝し、そこで突如、大悟した。

宋代の禅宗文献は、しばしば、この話と「無位真人」の話を一組にして伝承するようになる。たとえば『碧巌録』は第三二則で右の一段を公案としてとりあげ、圜悟《えんご》がそれを次のように評唱している。長いので、三段に分けて読んでゆこう。

〔1〕看他恁麼直出直入直往直来、乃是臨済正宗有恁麼作用。若透得去、便可翻天作地、自得受用。定上座是這般漢。被臨済一掌、礼拝起来便知落処。他是向北人、最朴直。既得之後、更不出世。後来全用臨済機、也不妨穎脱。（岩波文庫、中、頁二六）

看《み》よ他《かれ》〔定上座〕の恁麼《かく》も直《じき》に出《いで》て直《じき》に入《い》り、直《じき》に往《ゆ》きて直《じき》に来《きた》れるを。乃《まさ》しく是れ臨済《りんざい》の正宗《しょうじゅう》にこそ恁麼《かくのごと》き作用《さゆう》有り。若《も》し透得去《つきぬけう》れば、便ち天を翻《ひるがえ》して地と作《な》し、自ら受《じゅ》用《ゆう》するを得べし。定上座は是れ這般《かか》る漢、臨済に一掌《いっしょう》せられ、礼拝《らいはい》し起《た》ち来《あが》るや便ち落《らく》処《しょ》を知る。他《かれ》は是れ向北《きた》の人、最も朴直《ぼくちょく》なり。既《すで》に得ての後は、更《たえ》て出世せず。後来《のち》には全て臨済の機を用いて、也《ま》た不妨《はなは》だ穎脱《ぬきんで》たり。

看るがよい、定上座のかくも単刀直入に、ずばりと出入去来せるさまを。臨済の正系なればこそ、このような活きたはたらきが示されたのだ。すべてを突き抜けることができたなら、天地を反転させるほどのはたらきをも、我がものとして用いることができるだろう。定上座は、まさにそうした人であった。臨済からバシリと平手打ちをくらわされ、礼拝して起ち上がったその刹那、落着のところを悟ったのである。彼は北方の人だったので、とりわけ樸実で剛直だった。悟った後は、一寺の住持として世に立つこともなく、のちにはまったく臨済ゆずりの活機を用い、師に劣らぬなかなかの傑出ぶりであった。

〔2〕一日路逢巖頭雪峯欽山三人。巖頭乃問、「甚処来?」 定云、「臨済」。頭云、「和尚万福?」 定云、「已順世了也」。頭云、「某等三人特去礼拝、福縁浅薄又値帰寂。未審和尚在日有何言句? 請上座挙一両則看」。定遂挙、「臨済一日示衆云、赤肉団上有一無位真人、常従汝諸人面門出入。未証拠者、看! 看! 時有僧出問、如何是無位真人? 済便擒住云、道! 道! 僧擬議、済便托開云、無位真人是什麼乾屎橛! 便帰方丈」。巖頭不覚吐舌。欽山云、「何不道非無位真人?」 被定擒住云、「無位真人与非無位真人相去多少? 速道! 速道!」 山無語。直得面黄面青。巖頭雪峯近前礼拝云、「這新戒不識好悪、触忤上座。望慈悲且放過」。定云、「若不是這両箇老漢、⿱視土殺這尿床鬼子」。

一日、路に巖頭《がんとう》・雪峯《せっぽう》・欽山《きんざん》の三人に逢う。巖頭乃《すなわ》ち問う、「甚処《いずく》よりか来《きた》れる?」 定〔定上座〕云く、「臨済」。頭〔巖頭〕云く、「和尚万福《ばんぷく》なりや?」 定云く、「已《すで》に順世《みま》か了也《れり》」。頭云く、「某等《それがしら》三人、特に去《ゆ》きて礼拝《らいはい》せんとするに、福縁《ふくえん》浅薄にして又た帰寂《きじゃく》に値《あ》う。未審《しら》ず和尚、在《あ》りし日《ひ》、何の言句《ごんく》か有る? 請《こ》う上座、一両則を挙《こ》して看ん」。定遂《かく》て挙《こ》す——

臨済、一日、示衆して云く、「赤肉団《しゃくにくだん》上に一の〝無位《むい》の真人《しんにん》〟有り、常に汝ら諸人の面門従《よ》り出入す。未だ証拠《あき》らめざる者は、看よ！　看よ！」　時に僧有り出て問う、「如何《いか》なるか是れ無位の真人？」　済〔臨済〕便ち擒住《きんじゅう》して云く、「道え！　道《い》え！」　僧、議せんと擬《ほっ》するや、済便《すなわ》ち托開《つきはな》して云く、「無位の真人、是れ什麼《なん》たる乾屎橛《かんしけつ》ぞ！」　便ち方丈《ほうじょう》に帰る。

巌頭、覚《おぼ》えず舌を吐く。欽山云く、「何《なん》ぞ道《い》わざる、無位《むい》に非《あら》ざる真人《しんにん》と？」　定に擒《きん》住《じゅう》せられ、云く、「無位の真人と無位に非ざる真人と相《あ》い去《はな》ること多少《いくばく》ぞ？　速《はよ》う道《い》え！　速《はよ》う道《い》え！」　山〔欽山〕無語。直に面黄面青するに得《いた》る。巌頭・雪峯、近前《すすみよ》りて礼拝し云く、「這《こ》の新戒、好悪《よしあし》を識らず、上座に触忤《さから》う。望むらくは慈悲もて且《ま》ず放過《はな》せ」。定云く、「若《も》し這《こ》の両箇《おふたり》の老漢に不是《あらざ》れば、這《こ》の尿床《にょうしょう》の鬼子《きす》を塹殺《しゅくさつ》せしに」。

たとえば、ある日のこと、定上座は路すがら、巌頭《がんとう》・雪峯《せっぽう》・欽山《きんざん》の三人づれにゆきあった。巌頭が問う、「どちらよりお出でで」。定上座、「臨済だ」。「臨済和尚はお達者で？」「いや、すでに逝去なされた」。「わたくしども三名、わざわざ臨済老師の礼拝に向かっておりましたのに、福縁あさく、師のご遷化《せんげ》にめぐりあわせてしまいました。つつしんでおたずね申します、臨済老師のご生前、いかなるお言葉がありましたでしょう。どうか上座どの、一則二則なりとも、謹んでお聞かせを願います」。そこで定上座は、次の一段を話して聞かせた――

臨済はある日、示衆していわれた、「赤肉団上《しゃくにくだん》に一無位《むい》の真人《しんにん》有り、常に汝ら諸人の面門従《よ》り出入す。未だ証拠《あき》らめざる者は、看よ！ 看よ！」と。そこでひとりの僧が問う、「無位の真人とは如何なるものぞ」。臨済はすぐさまその胸ぐらを摑んでいう、「言え！ 言え！」 僧が口を開こうとしたその刹那、臨済は僧を突き放して言いすてた、「ふん、せっかくの無位の真人が、何たるクソ同然の体たらく！」 そして、臨済は、そのまま、さっさと方丈に引き上げてしまったのであった。

これを聞いて巌頭は、感嘆のあまり、思わず舌を出した。ところが欽山はいう、「ふん、その僧は、無位でない真人――〝無位〟という規定さえ無用のありのままの真人――そう言い返してやればよかったのだ」。定上座はその胸ぐらをしめあげる、「無位の真人と非無位の真人、その間にどれだけの隔たりがある。さあ、言え！ 言わぬか！」 欽山は言葉もなく、ただ、赤くなったり青くなったりするばかり。巌頭・雪峯が進み出て礼拝する、「この若僧めが、ことの善し悪しもわきまえず、上座のお怒りにふれました。なにとぞお慈悲をもちまして、ともかくお放しを願います」。定上座はいった、「ふん、ご両人のとりなしがなかったら、この寝小便タレの小僧、突き殺しておったところだ」。

〔3〕又在鎮州斎、回到橋上歇、逢三人座主。一人問、「如何是禅河深処須窮底？」 定擒住、擬抛向橋下。時二座主連忙救云、「休、休。是伊触忤上座、且望慈悲」。定云、「若

不是二座主、従他窮到底去」。看他恁麼手段、全是臨済作用。

又た鎮州《ちんしゅう》に在りて斎《とき》あり、橋上に回り到《いた》りて歇《やす》めるに、三人の座主《ざす》に逢う。一人問う、「如何《いか》なるか是れ、禅河《ぜんが》の深《ふか》き処《ところ》、須《すべか》らく底《そこ》を窮《きわ》むべし、とは？」　定擒住《きんじゅう》し、橋下に抛向《なげおと》さんと擬《ほっ》す。時に二座主、連忙《あわて》て救いて云く、「休《や》みね、休《や》みね。是れ伊《かれ》の上座に触忤《さから》えるなり、且《まず》は慈悲を望む」。定云く、「若《も》し二座主に不是《あらざ》れば、他《かれ》の窮《きわ》めて底《そこ》に到り去《ゆ》くに従《まか》せしに」。看《み》よ他《かれ》〔定上座〕の恁麼《かくのごと》き手段を、全て是れ臨済の作用《さゆう》なり。

それから、また、こういうこともあった。鎮州の街でお斎《とき》（精進料理の接待）があっての帰り、橋の上まできてひと休みしていたところで、三人の座主にゆきあった。ひとりが定上座に問う、「禅定の河の深遠を、底の底まで見究めねばならぬ。この言葉は、どういう意味でござろうか」。すると定上座はその胸ぐらをしめあげ、座主を橋の下に投げ落とそうとした。のこる二人の座主が、あわてふためいて助けにはいる。「お、おやめ下され。たしかに悪いのは、この者のほうでござる。ともかく、まずはお慈悲のほどを」。定上座はいった、「ふん、ご両人の仰せがなければ、存分に底の底まで見究めさせてやるところだったのだが」。

どうだ、定上座のこれほどの手腕は。これすべて、臨済の活きたはたらきそのものではないか。

第九章　空中の鈴の響き――臨済と普化

頭はあれども尾は無く　始めあれども終りは無し

臨済の所説の枠組みは、おおむね以上のようなものであった。だが、『臨済録』を読む人は、こうした枠組みに閉じ込めきれぬ、なにか詩的な余韻と不可思議な開放感を読後に覚えるのではなかろうか。もし、それが感じられたとしたら、それは普化《ふけ》という名の奇妙な僧の印象とおそらく不可分であるはずである。

『臨済録』の行録《あんろく》（行実の記録）に、臨済が黄檗の使いで潙山《いさん》に赴いた時の話がのっている。その結びに次のように見える。

師辞潙山。仰山送出云、「汝向後北去、有箇住処」。師云、「豈有与麼事？」仰山云、「但去。已後有一人佐輔老兄在。此人祇是有頭無尾、有始無終」。師後到鎮州、普化已在彼中。師出世、普化佐賛於師。師住未久、普化全身脱去。（《文庫》頁一九四／〔八〕）

師〔臨済〕潙山を辞す。仰山《きょうざん》、送り出て云く、「汝、向後《のち》、北に去《ゆ》かば、箇の住処有らん」。師云く、「豈《あ》に与麼《かか》る事有らん？」仰山云く、「但《た》だ去《ゆ》け。已後《のち》、一人有りて老兄《ろうひん》

> を佐輔《たす》けん在《ぞ》。此の人、祇《た》だ是れ頭《かしら》有って尾《お》無く、始《はじめ》有って終《おわり》無し」。師、後に鎮州に到るに、普化《ふけ》已に彼中《かしこ》に在り。師、出世するや、普化、師を佐賛《たす》く。師、住して未だ久しからざるに、普化、全身脱去《だっこ》せり。

臨済が辞去しようとしたとき、潙山のもとで知客《しか》（接客の責任者）を務めていた弟子の仰山が、臨済を送って出《で》、こう語りかけた。「こののち、北方へ行けば、住持たりうる地が得られよう」。臨済、「どうして、そのようなことが有るものか」。仰山、「ともかく行かれよ。将来、ひとり、そなたを補佐してくれる者が必ずあるはずだ。その人には、頭はあるが尾はなく、始めはあるが終りがない」。

のち、臨済が鎮州にたどりついてみると、そこにはすでに普化がいた。臨済が一院の住持として世に立つと、普化がそれを補佐した。だが、臨済が住持して間もなく、普化は身ぐるみ消えてなくなった。

普化の登場を告げる不思議な予言である。「有頭無尾、有始無終」、この句は甚だ解しがたいが、普化という人の捉えどころの無さを形容し、それと同時に、その最後のようすを予見したもののようでもある。

佯狂　風狂

では、普化とはどういう人であったのか。『景徳伝灯録』巻一〇に普化の短い伝があり、そこに次のように記されている。

鎮州普化和尚者、不知何許人也。師事盤山、密受真訣、而佯狂、出言無度。曁盤山順世乃於北地行化。……凡見人無高下皆振鐸一声、時号普化和尚。或将鐸就人耳辺振之、或拊其背、有迴顧者即展手云、「乞我一銭」。非時遇食亦喫。

（頁一六一下／禅文化研究所訓注本第四冊、頁一三九、参照）

鎮州の普化和尚は、何許《いずこ》の人なるかを知らず。師、盤山《ばんざん》に事《つか》えて、真訣《しんけつ》を密受するも、……狂を佯《よそお》い、言《ことば》を出《いだ》すに度《きまり》無し。盤山の順世《みまか》るに曁《およ》びて乃《すなわ》ち北地に於いて化《け》を行う。……凡《およ》そ人に見《あ》うや高下《こうげ》無く、皆な鐸《すず》を振ること一声す、時に「普化《ふけ》和尚」と号す。或いは鐸を将《も》って人の耳辺《みみもと》に就《つ》きて之を振り、或いは其の背を拊《う》ち、迴顧《ふりかえ》る者《もの》有らば即ち手《て》を展《ひろ》げて云く、「我に一銭を乞《ほどこ》せ」と。非時《ひじ》なれども食《じき》に遇《あ》えば亦た喫《くら》う。

鎮州の普化和尚は、何処の出身の人か知れぬ。盤山宝積《ばんざんほうしゃく》禅師に師事し、ひそかに法の奥義を受けついだが、狂をよそおい、言葉はつねに常規を外れていた。盤山禅師が世を去ると北方で教化を行った。……人に出逢うと身分の上下を問わず、ひとしなみにシャリンとスズを鳴らしたので、世の人々はこれを「普化——普《あまね》く化《みちび》く和尚」と称した。ある時は人の耳もとでリンリンと鈴を鳴らし、ある時はいきなり人の背をたたき、その者がふりむけば掌をひろげて差し出して「一銭、恵んでおくれ」といった。また、食い物があれば、戒律の禁ずる非時（正午以後）であっても、おかまいなしに食うのであった。

右にいう盤山の「順世」（逝去）の際のようすは、同じく『景徳伝灯録』の巻七・盤山章に次のように見える。

師将順世告衆曰、「有人貌得吾真否？」衆皆将写得真呈師。師皆打之。弟子普化出曰、「某甲貌得」。師曰、「何不呈似老僧？」普化乃打筋斗而出。師曰、「這漢向後如風狂接人去在」。

（頁一〇七／禅文化研究所訓注本第三冊、頁三九）

師（盤山）将《まさ》に順世《みまか》らんとして衆《しゅ》に告げて曰く、「人の吾が真《えすがた》を貌《うつ》し得る有り否《や》？」衆、皆な写《うつ》し得たる真を将《も》って師に呈す。師、皆な之を打つ。弟子普化《ふけ》出て曰く、「某甲《それがし》、貌《うつ》し得ん」。師曰く、「何ぞ老僧《わし》に呈せざる？」普化、乃ち筋斗《きんと》を打《た》して出《い》づ。師曰く、「這漢《こやつ》、向後《こののち》、風狂の如くに人を接《みちび》き去《さ》らん在《ぞ》」。

盤山禅師は遷化《せんげ》にあたって門下の衆僧に告げた、「わしの肖像を描きうる者はあるか」。「真」（肖像）を写すということには、師の真面目を如実に我が物とするという意が含まれている。だが、僧たちはみな目に見える師の似姿を絵に画いて提出し、ことごとく師から打ちすえられてしまった。

そこで弟子のひとり、普化が出てきて申し上げる、「それがしには描けます」。「なら、わしに出して見せぬか」。そこで普化は、ひょいとトンボがえりを打って、さっさと出ていってしまった。

盤山はいった、「この男、いずれ、〝風狂〟のごとくに人を教化してゆくに相違ない」。

世間が是認する、まことしやかな正しさ、その虚仮《こけ》に耐え切れぬ人間は、自ら狂人となることで、その縛りの外に身を逃す。狂者の位置に身を置くことで、かろうじて自己の「真」を留保するのである。その奇矯な言行が時に鏡となって、世俗のワク内の住人たちに、自らの虚仮を気づかせることはあるであろう。だが、それはあくまでも結果であって目的ではない。敢えて狂を生きる決心は、そうした高みからの指導者意識とは異質な、もっと抜き差しならぬ切実さに迫られたものだったはずである。

普化がなぜそうした道に入ったのか、それはまったくわからない。だが、いずれにせよ、『景徳伝灯録』が普化の言行を「狂を佯《よそお》う」とか「風狂」の如き接化などと説明しているのは、いかにも宋代士大夫社会の書物らしい、上からの教化という意識を表した用語のように思われる。それは、おそらく、普化その人にとって、最も耐え難く、最も唾棄すべきものではなかったか。右の盤山の最後の言葉を、最も古い記録である『祖堂集』巻一五・盤山章はこう記している。「我れ、汝這般《なんじかよう》なる底《もの》を著《お》く可《べ》からず。向後《のち》、別処に去《ゆ》きて風顚《ふうてん》を打《た》し去也（さらん）（頁五五九）。お前のようなヤツを、わしのところに置いておくわけにはゆかぬ。このちお前は他所へ行って、瘋癲をやってゆくことになるだろう、と。これなら素直にうなずける。

さきの引用で『臨済録』は、普化について、臨済を「佐輔」し「佐賛」するものと予言していた。だが、『臨済録』に記される、普化の前での臨済は、頼るものも憚《はばか》る所ももたぬ、あの激烈な強者としての臨済ではない。普化の捉えどころの無さに翻弄され、なすすべを知らぬまま、それを遠くから見ているほか無い臨済、それが『臨済録』の記す普化と臨済の姿である。それのどこが「佐輔」であり「佐賛」であったのか。

だが、少なくとも結果からいえば、臨済のそうした姿を書き留めることで、『臨済録』という書物が教条的な独善と硬直から免れ得ていることは間違いない。臨済の威厳を嘲笑し、臨済の権威を相対化すること、それこそが普化の「佐輔」であり「佐賛」だったのではあるまいか。普化の存在は『臨済録』に何かの意味を加えているのでない。むしろ、『臨済録』のなかにぽっかりと意味の空白をあけ、それによって『臨済録』を、枯死することのない、風通しのよい開かれた書物にしているのである。

次に『臨済録』から、普化の出てくる場面を二、三引いてみる。例証として検討すべき材料は数多く、とりわけ『祖堂集』との比較は興味深い。また、その逆に、まったく手のつけようのない、意味不明の語句も甚だ多い。だが、今はそれらの解釈や考証を一切置いて、ともかく話を話として、ただ、読んでみるだけにしておきたい。『臨済録』における普化の姿として、それが最もふさわしい読み方のように思われるからである。

一日普化在僧堂前喫生菜。師見云、「大似一頭驢」。普化便作驢鳴。師云、「這賊！」普化云、「賊、賊」、便出去。
《文庫》頁一五七／〔一五〕

一日、普化、僧堂の前に在《おい》て生菜《さんさい》を喫《くら》う。師〔臨済〕見て云く、「大いに一頭の驢《ろ》に似たり」。普化、便ち驢鳴《ろめい》を作《な》す。師云く、「這《こ》の賊！」普化云く、「賊、賊」。便ち出で去る。

ある日のこと、僧堂の前で、普化がナマのままの野菜を食っていた。それを目にした臨済がいう、「やれ、まったくロバのようなな」。すると普化は、すかさずロバの鳴き声をした。臨済、「この悪党が！」普化は、「悪党！　悪党！」と言いながら、そのまま出て行ってしまった。

因普化常於街市揺鈴云、「明頭来、明頭打。暗頭来、暗頭打。四方八面来、旋風打。虚空来、連架打」。師令侍者去、纔見如是道便把住云、「総不与麼来時如何？」普化托開云、「来日大悲院裏有斎」。侍者回、挙似師。師云、「我従来疑著這漢」。
《文庫》頁一五七／〔一六〕

因みに普化、常に街市に於て鈴を揺《ゆら》して云く、「明頭に来れば、明頭に打し、暗頭に来れば、暗頭に打す。四方八面に来れば、旋風もて打し、虚空《こくう》より来れば、連架《からさお》もて打す」。師（臨済）侍者をして去《ゆ》かしめ、纔《わず》かに如是《かくのごと》く道《い》うを見るや便ち把住《とら》えて云わしむ、「総《すべ》て与麼《かくのごと》く来らざる時、如何《いかん》？」と。普化托開《つきはな》して云く、「来日《あす》、大悲院《だいひいん》裏に斎《とき》有り」。侍者回《かえ》りて、師に挙似《はな》す。師云く、「我れ従来、這漢《あやつ》を疑著《うたがえ》り」。

普化はいつも街中で鈴をふりながら、謎めいた呪文のような歌を唱えていた、「明で来れば明で打ち、暗で来れば暗で打つ。四方八方から来れば、つむじ風のように打ち、虚空から来れば殻竿で打つ」。

「明」や「暗」は何を指し、それを「打つ」とはどういうことなのか……。

臨済は侍者をつかわし、普化がそう唱えたところをひっ捕まえて、こう問わせた、「そのどれでもなく来た時は、如何《いかが》する」。

普化は侍者を突き放して言う、「明日は大悲院でお斎《とき》（僧食の配給）がある」。

侍者が帰って一部始終を報告すると、臨済はいった、「だから前からあの男、只者ではないと思うておったのだ」。

こうしたやりとりがいくつかあり、やがて普化が、人々の前から忽然と消え去る日がやってくる。

普化一日於街市中、就人乞直裰。人皆与之、普化倶不要。師令院主買棺一具。普化帰来。師云、「我与汝做得箇直裰了也」。普化便自担去、繞街市叫云、「臨済与我做直裰了也！ 我往東門遷化去」。市人競随看之。普化云、「我今日未。来日往南門遷化去」。如是三日、人皆不信。至第四日、無人随看。独出城外自入棺内、倩路行人釘之。即時伝布。市人競往開棺、乃見全身脱去。祇聞空中鈴響隠隠而去。

《文庫》頁一七五／〔一七〕

普化、一日、街市中に於て、人に就《つ》きて直裰《じきとつ》を乞う。人《ひと》皆な之を与うるも、普化倶《すべ》て要《と》らず。師〔臨済〕院主《いんじゅ》をして棺一具《ひつぎひとそろい》を買わしむ。普化、帰り来る。師云く、「我れ汝《なんじ》が為《ため》に箇《ひとつ》の直裰《じきとつ》を做《つく》り得り了《おわれり》也」。普化、便ち自《みず》から担《にな》い去《ゆ》き、街市を繞《めぐ》り叫びて云く、「臨済、我が為《ため》に直裰《じきとつ》を做《つく》り了《おわれり》也！ 我れ東門に往《むか》い遷化《せんげ》しに去《ゆ》かん」。市人、競《きそ》い随《したが》いて之を看る。普化云く、「我れ今日は未《いまだ》し。来日《あす》、南門に往《むか》い遷化《せんげ》しに去《ゆ》かん」。如是《かくのごと》くすること三日、人《ひと》皆な信ぜず。第四日に至り、人の随《したが》い看《み》る無し。独《ひと》り城外に出《いで》て自から棺内に入り、路《みち》行く人に倩《たの》み之を釘《くぎう》つ。即時《ただち》に伝布《ひろま》る。市人、競《きそ》い往《ゆ》きて棺《ひつぎ》を開くに、乃《すなわ》ち全身脱去《だっこ》せるを見る。祇《た》だ空中に鈴《すず》の響《ひびき》の、隠隠として去るを聞くのみ。

ある日のこと、普化は街なかで人々に僧衣を乞うた。人々はみなそれを布施したが、普化はどれも受け取らなかった。そこで臨済は院主《いんじゅ》（寺の事務長）に命じて棺桶一式を買い整えさせた。

やがて普化が、寺にもどって来る。

臨済、「おぬしのために、衣《ころも》をあつらえてあるぞ」。

普化はさっそく自分でその棺桶をかつぎ、街中にふれてまわった。

「臨済がわしのために衣をあつらえてくれた！　わしはこれから東の城門へ行って遷化する」。

街の人々は先を争って、物見高くついてゆく。すると、普化はいう。

「今日はまだ、だめだ。明日、南の城門のところに行って遷化するといたそう」。

こういうことが三日つづいて、もはや信ずる者もいなくなり、四日目にはとうとう、誰もついて来なくなった。

普化はひとり城門を出る。そして、自分で棺桶に入り、通りすがりの者に釘で打ちつけてもらう。噂は、あっという間に鎮州の街中に広まった。

街の人々は、我さきに駆けつける。そして、その棺を開いて見たところ、なんと、普化は、身ぐるみ消えてしまっていた。

空中で鈴の音が、リンリンと鳴りながら去っていった。

エピローグ――鈴木大拙と二〇世紀の禅

ふたたび趙州無字

唐代の禅問答は、一見、こんにゃく問答のようなものであっても、実はそのうちに活きた意味が含まれていた。老師が修行者の問いに飽くことなく予想外の答えを示しつづけ、時には回答の拒否とさえ見える粗暴な所作で応じたのも、すべては、あるがままの我が心、それがそのまま仏なのだという事実に自ら目覚めさせんがための接化《みちびき》であった。同時代の諸問答に通底するそうした問題意識を相関的に把握することで、唐代の禅問答は、有機的な活きたやりとりとして読み解くことが可能である。

だが、宋代にいたると、問答は意味の連関から切り離されたバラバラで不可解な言葉の断片、すなわち「活句《かっく》」――「無頭話」「無理会話」――として扱われるようになる。いかなる理路・語脈のうえにも位置づけられぬ無機質の一点であるがゆえに、その言葉は修行者から迷妄のもとたる概念的思考を奪い去ることができる、そう考えられるようになるのである。

そのように扱われる先人の問答を「公案《こうあん》」という。「公案」は無意味であることにこそ意味がある。やがて、その無意味な「公案」への意識の凝集によって自身を極限まで追い詰め、そのぎりぎりの一点で意識の激発・大破を起こして劇的な大悟の体験に至るという「看《かん》話《な》」の方法が完成される。そこにおいて「公案」はあくまでも大悟徹底の体験を引き起こす手段にすぎず、その個々の意味内容を字義に沿って読み分けようとすることは、むしろ愚挙として斥けられねばならない。かくして周知のごとく、あらゆる公案は、結局、趙州「無字」へと収斂することになる。前川亨「〝看話〟のゆくえ――大慧から顔丙へ」(『専修大学人文科学年報』三七、二〇〇七年)にいう。

例えば、大慧の師・圜悟克勤(一〇六三―一一三五年)の場合、公案の使用法は概して遠心的というべく、『碧巌録』一百則を通してみる限り、公案群を一定の原理に基いて整序し、統一的な体系にまで組織しようとする意図が希薄なのに対し、大慧にみられる公案の使用法は逆に著しく求心的な様相を呈し、中心となる公案にそれ以外の公案を従属せしめ、統一的な公案の体系を組織しようとする意図が横溢している。大慧にとって「中心となる公案」とは「趙州無字」の公案(「狗子無仏性」あるいは単に「無字」の公案とも呼ばれる)以外にはない。「僧問趙州、狗子還有仏性也無、州云、無」。もっとも、「乾屎橛」「柏(栢)樹子」「麻三斤」など、大慧も「無字」以外のこれらの公案を全く用いないわけではない。しかしここで重要なのは、「無字」以外のこれらの公案群の使用が、これら諸公案の個性・独自性を何ら際立たせないことだ。「無字」以外の公案の使用は、言語の表層に多様性をもたらすことによって、公案が「無字」のみに収斂することに由来する堪え難い単調さを幾らか緩和する効果をもつであろう。しかし、その基調は依然として、結局のところ「無字」に帰着する。「看話は大恵《ママ》にはじまるのである。看話とは趙州無字を看ることである。このほかに公案はない。多少別の公案が用いられるにしても、すべて無字の代用であって、本当は無字に代るものではないのである」という柳田聖山氏の見解は、大慧における「無字」の公案の特殊な位置づけを説明したものに他ならない。（頁一〇六、傍点および「ママ」の注記はすべて前川。所引の柳田論文は「無字の周辺」『禅文化研究所紀要』七、一九七五年、頁三）

では、「無字」の参究とは、具体的には何をどうすることなのか。大慧自身は、それを次のように説いている。

若要径截理会、須得這一念子曝地一破、方了得生死、方名悟入。然切不可存心待破。若存心在破処、則永劫無有破時。但将妄想顛倒底心、思量分別底心、好生悪死底心、知見解会底心、欣静厭鬧底心、一時按下。只就按下処看箇話頭、「僧問趙州、狗子還有仏性也無？州云、無」。此一字子、乃是摧許多悪知悪覚底器仗也。不得作有無会、不得作道理会、不得向意根下思量卜度、不得向揚眉瞬目処垜根、不得向語路上作活計、不得颺在無事甲裏、不得向挙起処承当、不得向文字中引証。但向十二時中四威儀内、時時提撕、時時挙覚、「狗子還有仏性也無？云、無」、不離日用。試如此做工夫看。月十日便

自見得也。（『大慧普覚禅師語録』巻二六「答富樞密」、禅宗全書四二－四二五上／大正四七－九二一下）

若《も》し径截《けいせつ》に理会《りえ》せんと要《ほっ》さば、須得《すべか》らく這《こ》の一念子《いちねんす》の曝地《バクち》に一破すべくして、方《はじ》めて生《しょう》死《じ》を了得《りょうとく》し、方《はじ》めて悟入と名づく。然《しか》れど切に心を存して破を待つ可《べ》からず。若《も》し心を破の処に存さば、則《すなわ》ち永劫に破する時有ること無し。但《た》だ妄想顚倒《もうぞうてんどう》の心・思量分別《しりょうふんべつ》の心・好生悪死《こうしょうおし》の心・知見解会《ちけんげえ》の心・欣静厭閙《ごんじょうおんどう》の心を将《も》って、一時に按《お》さえ下《つ》けよ。只だその按《お》さえ下《つ》けし処に就きて箇の話頭を看よ。「僧、趙州ニ問フ、狗子《クシ》ニ還《ハ》タ仏性有リヤ。州云ク、〝無〟」。此の一字子、乃《すなわ》ち是れ許多《あまた》の悪知悪覚を摧《くだ》く底の器仗なり。有無《うむ》の会《え》を作《な》すを得ざれ。道理の会《え》を作《な》すを得ざれ。意根《いこん》下に向《おい》て思量し卜度《あてずいりょう》するを得ざれ。揚眉瞬目《ようびしゅんもく》の処に向《おい》て根《ね》を挅《おろ》すを得ざれ。語路《ごろ》上に向《おい》て活計《かっけい》を作《な》すを得ざれ。無事《ぶじ》甲裏《こうり》に颺在《ようざい》するを得ざれ。挙起《こき》の処に向《おい》て承当《うけが》うを得ざれ。文字《もんじ》中に向《おい》て引証するを得ざれ。但《た》だ十二時中《じゅうにじちゅう》・四威儀《しいぎ》の内に向《おい》て、時時に提撕《ていぜい》し、時時に挙覚《こかく》せよ、「狗子《クシ》ニ還《ハ》タ仏性有リヤ。州云ク、〝無〟」と。日用《にちゆう》を離れざれ。試みに如此《かくのごと》くに工夫《くふう》を做《な》し看よ。月十日にして便《すなわ》ち自ら見得《みえ》ん。

もし、ずばりと会得したければ、必ずやこの一念がバカッ！　と大破せねばならない。それでこそ生死が決着し、それでこそ悟入といえるのである。しかし、だからといって、意識してその大破の時を待ちかまえてはいけない。大破のところに意識を置いてしまっては、永遠に大破の時は起こり得ない。ともかく、妄想顚倒の心・思量分別の心・生を好み死を嫌う心・知識と理屈で考える心・静寂を願い喧騒を厭う心、それらを一気に押さえ込んでしまうのだ。そして、その押さえつけたところで、一箇の話頭を看よ——「僧、趙州ニ問フ、狗子ニ還タ仏性有リヤ。州云ク、〝無〟」と。この「無」の一字こそは、あれこれの悪しき知識・分別を打ち砕く強力な武器に外ならない。

この一字に対して、有る無しの理解を加えてはならない。合理的解釈を施してもいけない。分別意識のもとで思考し推量してもいけない。ありのままの身心の作用を良しとしてもいけない。字義・文脈のうえで考えていってもいけない。「無事」の甲羅のなかに放りこんでもいけない。問うている己れがそのまま答えなのだと肯《うけが》ってもいけない。古典のうちに論拠を求めてもいけない。ともかく、二六時中、行住坐臥すべての営為のなかで、時々刻々、つねにこの話頭を念頭に置き、つねにそこで心を覚醒させるのだ。「狗子ニ還タ仏性有リヤ。州云ク、〝無〟」。そうして日常の営みを離れぬようにせよ。試しにこのように修行してみるならば、十日かひと月で、じき見て取ることができるであろう。

この一段を第I部に引いた、「柏樹子」や「麻三斤」「乾屎橛」等に関する大慧の所説と看くらべてみられたい。その間に如何なる差異が見出されうるであろうか。前川がいうとおり、公案の名を互いにどう入れ替えてみても、文意に何の変化も齟齬も生じないであろう。

「無字」も「柏樹子」も、また「麻三斤」も「乾屎橛」も、みな、一切の情緒と思考を閉鎖し遮断する分節不可能な無機質の塊として厳然とただそこにあるのみであり、そして、それゆえにこそ意識の激発・大破をもたらしうるとされているのである。有名な『無門関《むもんかん》』第一則「趙州狗子《じょうしゅうくし》」の評唱が、右のような大慧の所説の完全な踏襲であることは一見して明らかであろう。

趙州和尚因僧問、「狗子還有仏性也無？」州云、「無」。

無門曰、参禅須透祖師関、妙悟要窮心路絶。祖関不透、心路不絶、尽是依草附木精霊。且道、如何是祖師関？只者一箇無字、乃宗門一関也。遂目之曰禅宗無門関。透得過者、非但親見趙州、便可与歴代祖師把手共行、眉毛廝結、同一眼見、同一耳聞。豈不慶快！莫有要透関底麼？将三百六十骨節八万四千毫竅、通身起箇疑団、参箇無字。昼夜提撕、莫作虚無会、莫作有無会。如呑了箇熱鉄丸相似、吐又吐不出、蕩尽従前悪知悪覚。久久純熟、自然内外打成一片、如啞子得夢、只許自知。驀然打発、驚天動地、如奪得関将軍大刀入手、逢仏殺仏、逢祖殺祖、於生死岸頭得大自在、向六道四生中遊戯三昧。且作麼生提撕？尽平生気力、挙箇無字。若不間断、好似法燭一点便著。頌曰、

狗子仏性　全提正令　纔渉有無　喪身失命

趙州和尚因《チナ》ミニ僧問フ、「狗子《クシ》ニ還《ハ》タ仏性有リ也無《ヤ》？」州云ク、「無《ム》」。

無門《むもん》曰く、参禅は須《すべか》らく祖師の関を透《とお》るべし、妙悟は心路を窮《きわ》めて絶せしめんことを要す。祖関透らず、心路絶せずんば、尽《ことごと》く是れ依草附木《えそうふぼく》の精霊《せいれい》ならん。且《まず》は道《い》え、如何《いか》なるか是れ祖師の関？　只《まさ》しく者《こ》の一箇の〝無〟字こそ、乃《すなわ》ち宗門の一関なり。遂《かく》て之を目《なづ》けて「禅宗無門関」と曰《い》う。そを透得過《つきぬけう》る者は、親しく趙州に見《まみ》ゆる非但《のみなら》ず、便《すなわ》ち歴代の祖師と手《て》を把《と》りて共《とも》に行《ゆ》き、眉毛断《あ》い結び、同一の眼《まなこ》に見、同一の耳《みみ》に聞く可《べ》し。豈《あ》に慶快ならざらんや！

この関を透《とお》らんと要する底《もの》有るに莫《あら》ず麼《や》？　三百六十の骨節、八万四千の毫《け》竅《あな》を将《も》って、通身に箇《ひとつ》の疑団を起し、箇《ひとつ》の〝無〟字に参ぜよ。昼夜に提撕《ていぜい》し、虚無の会《え》を作《な》す莫《なか》れ、有無の会《え》を作《な》す莫《なか》れ。箇《ひとつ》の熱鉄丸《まるのみ》を吞了せるが如くに相似《あいに》て、吐《は》かんにも又た吐不出《はきいだせず》、従前の悪知悪覚《あくちあくかく》を蕩尽《とうじん》せん。久久に純熟して、自然《じねん》に内外打成一片《ないげだじょういっぺん》なれば、啞《あ》子《す》の夢を得る如く、只だ自から知るを許すのみ。驀然《まくねん》と打発《だはつ》せば、天を驚かし地を動かし、関将軍の大刀を奪得《うば》いて手に入れしが如く、仏に逢《お》うては仏を殺し、祖に逢《お》うては祖を殺して、生死《しょうじ》の岸頭《がんとう》に於て大自在を得、六道四生《ろくどうししょう》の中に向《おい》て遊戯三昧《ゆげざんまい》せん。且《まず》は作麼生《いかに》か提撕《ていぜん》せん？　平生の気力を尽《つ》くして、箇《ひとつ》の〝無〟字に挙《こ》せ。若《も》し間断せずんば、好《あたか》も法燭の一点して便ち著《とも》るが似《ごと》くならん。

頌《じゅ》して曰く――

狗子《くし》の仏性《ぶっしょう》　全て正令《しょうれい》を提《あ》ぐ
纔《わず》かに有無《うむ》に渉《わた》らば　喪身失命《そうしんしつみょう》せん

趙州和尚因《チナ》ミニ僧問フ、「狗子《クシ》ニ還《ハ》タ仏性有リ也無《ヤ》？」州云ク、「無《ム》」。

無門〔無門慧開〕いわく――参禅には、祖師の関門を突破せねばならぬ。妙悟には、思路を追い詰めそれを断絶させる必要がある。祖師の関門を突破せず、思路が断絶されなければ、みな草木にとりすがる亡霊となりはてよう。しからば、祖師の関門とは如何なるものぞ？　まさしく、この〝無〟の一字こそ、禅門の第一の関門にほかならぬ。かくしてこれを「禅宗無門関」と名づける次第である。そこを突破しうるものは、親しく趙州禅師に対面するのみならず、歴代の祖師たちとも手に手をとってともに歩み、互いの眉毛を結びあわせて、一つ眼《まなこ》で見、一つ耳で聞くことができるであろう。これを痛快といわずして何といおう！

　さあ、この関門を突破しようという者があるであろう。ならば、骨の節々から一つ一つの毛穴まで、すべてを挙げて体まるごとに一個の疑いの塊を立て、〝無〟の一字を参究するのだ。昼も夜もこれにとりくみ、そこに虚無という理解も、有る無しという理解も加えてはならぬ。まっ赤に焼けた鉄の玉を丸呑みにしたように、吐こうにも吐き出せぬまま、これまでの悪しき知見をすべて滅し尽くすのだ。すると、じっくり熟成するうちに、自ずと内と外とが一枚になってくる。それは口のきけぬ者が夢を見たように、ただ自身がうべなうほかない境地である。そして、そこが突如打破されると、あとはもう関羽将軍の大刀を我が手に奪い取ったがごとく、仏に逢《お》うては仏を殺し、祖に逢《お》うては祖を殺し、生死《しょうじ》の崖っぷちで大自在を得、六道輪廻のただなかで心おきなく遊び戯れることができようというものだ。では、この〝無〟の一字に、如何にとりくめばよいのか。日ごろの気力の限りを尽くし、この〝無〟の一字を念ずるのだ。とぎれることなくそれをやってゆけば、あるとき仏前の灯明のごとく、そこにぽっと灯がともることであろう。

その趣旨を詩に詠んでいう――

狗子《くし》の仏性《ぶっしょう》で
根本の使命はすべて開示
そこに有る無しの分別をくわえれば
たちまち命を落とすことになる

漱石や大拙が参じた釈宗演は、『無門関講義』（光融館、一九〇九年）において、これを「無とは、無いと云ふ字であるが、そんなら、無いと云ふ事か。有無の無か断無の無か、どういふ無字であらう」（頁二）、「参禅工夫は、啻《ただ》に座蒲団の上ばかりには限らぬ、又昼夜の隔ては無い、起きる上、寝る上、喰ふ上、屙《くそた》れる上、応対の上、作務の上、一切時、一切処に於て、無字三昧に成りきれと云ふ、のである」（頁六）と祖述している。こうした「看話」の方法の確立によって、それまで卓越した資質と偶然の契機にたよっていた大悟の可能性が多くの人に向けて開かれることとなった。日用を離れることなく「無字」を念じつづけよと説く大慧の方法は、特に在俗の士大夫層の間に急速かつ広範に流行した。

しかし、その反面、これによって「悟り」が均質で単調な理念と化し、禅の個性的な生命力が衰微していったことも否めない。禅がこのあと中国本土でほとんど新たな思想的発展をもちえなかったこと、しかしその一方で、固有の言語や文化の伝統を超えて東アジア各地に普及し、さらに二〇世紀には欧米社会にまで伝播しえたこと、その双方をこの「看話」の方法の結果として説明することができるであろう。近代に至って漱石や鈴木大拙・西田幾多郎らが参じた禅は、みなそのような禅だったのである。

「ひじ　外に曲がらず」——大拙の原点

しかし、老師から「無字」の突破を認められた西田や大拙が、自らその体験に満足しなかったことは、すでにプロローグに引いたとおりである。そこで引用した回想につづけて、大拙は次のように述べている。

> アメリカに渡る前の年の臘八の摂心で、まあ「これだ」ということがあったわけだが、そのときはまだ、無我無中《ママ》のようなものだった、というてよい。アメリカへ行ってラサールで何かを考えていたときに、〈ひじ、外に曲らず〉〔臂膊不向外曲〕という一句を見て、ふっと何か分かったような気がした。「うん、これで分かるわい。なあるほど、至極あたりまえのことなんだな。なんの造作もないことなんだ。そうだ、ひじは曲らんでもよいわけだ、不自由（必然）が自由なんだ」と悟った。……

あの句〔臂膊不向外曲〕はたしか『槐安国語』にあったかな。日本にいたとき洪川老師の講座で聞いたことがあったが、そのときは、なぜこんなあたりまえのことをいうのか、と不思議に思っただけでなんでもなく過ぎたが、アメリカではっきり分かった。それからは何を読んでもはっきりするわい。今までとはまったく別の境涯が出て来たわけだ。たぶんそのころ本を読んで、問題にしていた「意志の自由と必然」というようなことが、考えのきっかけであったろう。ネセスィティ（necessity）とフリーダム（freedom）の問題というか、そのころウィリアム・ゼームス〔William James〕などが、しきりにそんなことを問題にしていた。カント以来、いやもっと前からだろう、西洋にフリー・ウィル（free will）とネセスィティの議論があるな。この経験があってからだ、どうも西洋の哲学というか、論理学というか、これはだめで、やはり禅でなくては、ということがわしにはっきりしてきたのだな。森本（省念）さん式に言えば、「無字がつぶれて」そういう形でそのとき改めてわしの自覚に入ってきたわけだ。

（『世界の禅者』頁一四九）

「臂膊不向外曲」（臂《ひ》膊《はく》、外に向ては曲らず）は、『碧巌録』その他の禅籍に見える。中国語としては「胳膊総是要往裏彎（ウデは内にまがるもの）」などというのと同じく、人はしょせん身内を庇うもの、という意であるが、日本の禅門では伝統的にこれを、すべてはありのままに且つあるべきようにある、といった意に解しており、大拙もそうした理解にもとづいて右の一段を語っている（芳澤勝弘「ひじ、外に曲がらず」『禅文化』第一五九号、一九九六年一月、参照）。

ここで大拙は、「西洋の哲学」でなく「禅」でなければならぬことを確信したと語っている。しかし、右の一段をすなおに読めば、ここで語られているのは、実は伝統的な「禅」の体験だけでも不足であり、「西洋の哲学」から得た「自由と必然」の一致という観念の裏打ちを得ることで、始めて「無字がつぶれて」大拙独自の境涯が成立したという経緯であろう。

大拙は禅について説く際、しばしば「意識」の重要性を説く。伝統的な禅宗、とくに看話禅は、言語を斥け知的意識を断絶させることで「悟り」の「体験」を得させようとするものであった。だが、大拙はこの関係を逆転し、「体験」は知的な「意識」と一体であり、そこから言語・行為が必然的に展開してゆくと主張する。大拙の「禅思想」は『盤珪《ばんけい》の不生禅《ふしょうぜん》』（一九四〇年）において確立したと言われるが、その冒頭で彼は次のように述べている。

禅は元来《がんらい》体験で思弁でないと云はれるが、只《ただ》体験だといふだけでは、禅は成り立たぬ。さうすると単なる感覚か感情といふものに過ぎなくなる。冷暖自知《れいだんじち》ではあるが、禅はそれだけでは済まぬ。冷暖自知的なもの以上に出ないと、人間の精神生活に基礎を与へるといふ工合には行かぬ。……即ち禅には冷暖自知底以上のものがある。それは何かといふに、其れは自覚の意識に外ならぬ。而して此の意識には思弁的発展がある。

（『鈴木大拙全集』第一巻、頁三五五。傍点とふりがなは引用者）

この考えを、大拙は後に『Living by Zen（禅による生活）』（一九四九年）でもこう述べている（この書物は亡き妻に捧げられている）。

……犬はまさに禅に生きるが、禅によつて生きるのではない。禅に生きると同時に、禅によつて生きるのは、人間だけである。禅に生きるだけでは不十分である。人間は禅によつて生きなければならない。即ち、人間は禅に生きる意識をもたなければならない、尤《もっと》もこの意識とは、われわれが普通《ふつう》意識として理解する以上のものであるが。（北川桃雄・小堀宗柏訳『禅による生活』一九五七年、『全集』第一二巻、頁二六七。傍点は原文、ふりがなは引用者）

同じことを大拙は、他の文章で、「悟り」と「悟る」と言い、また「悟り」「悟りを悟ること」「悟りの表現形式」とも説いている（『全集』第一巻、頁八四・頁四六七、参照）。犬が犬としての「平常生活」を生きることも「禅を生きること（to live Zen）」すなわち「体験（悟り）」である。その点では、人間も犬もかわりはない。だが、人間だけが「禅を生きる」という「意識（悟る）」をもち、「禅によって生きる（living by Zen）」ことができる。つまり、人や動物が自然のままに生きていることは自ずから「禅」を生きているのに外ならないが、しかし、人はその自然状態にとどまらず、それを自覚する「意識」をもち、その「意識」によって自覚的に生きなければならない。それが「禅によって生きる（living by Zen)」ということなのだと、大拙は説いているのである。

即非の論理　無分別の分別

「ひじ、外に曲がらず」、この一句によって大拙が新たに直観したものは、おそらくこの「意識」であった。その直観は、伝統的な「無字」の参究の体験が、「自由と必然」の一致という「西洋の哲学」と結びつくことではじめて成立したものであり、大拙の膨大な著作は、すべてこの「ひじ、外に曲がらず」の一点から展開したものと捉えなおすことができる。

では、その「意識」とは如何なるものか。その内容を論理的に定式化したものが、有名なかの「即非《そくひ》」の論理である。周知のとおり、これは『金剛経』の「仏説般若波羅蜜、即非般若波羅蜜、是名般若波羅蜜」という文句から抽出された「AはAに非ず、故にAなり」という論理形式で、大拙は『金剛経の禅』（一九四四年）で、これを次のように定義している。

　これから『金剛経』の中心思想と考へられるものを取り上げてお話しする。此は禅を思想方面から検討するといふことになるのである。まづ第十三節にある「仏説般若波羅蜜。即非般若波羅蜜。是名般若波羅蜜」から始める。これを延書きにすると、「仏の説き給ふ般若波羅蜜といふのは、即ち般若波羅蜜ではない。それで般若波羅蜜と名づけるのである」、かういふことになる。これが般若系思想の根幹をなしてゐる論理で、また禅の論理である、また日本的霊性の論理である。ここでは般若波羅蜜といふ文字を使つてあるが、その代りに外のいろいろの文字を持つて来てもよい。これを公式的にすると、

　AはAだと云ふのは、
　AはAでない、
　故に、AはAである。

これは肯定が否定で、否定が肯定だと云ふことである。……かういふやうな按配で、総ての観念が、まづ否定せられて、それからまた肯定に還るのである。

　（『全集』第五巻、頁三八〇。引用文中の訓点は省略）

　だが、この考えはインドの経典よりも、やはり中国禅の思考を引きついでいるようである。自ら代表作とみなしていた『禅の思想』（一九四三年）において大拙は、北宋期の禅僧、青原《せいげん》惟信《いしん》の語を引きつつ、「即非」の論理を次のように説明している。

　吉州青原の惟信禅師と云ふは黄龍《わうりよう》祖心の嗣で、宋代十一世紀の末頃の人であるが、その人に有名な上堂がある。

　「老僧三十年前、未参禅時、見山是山、見水是水。及至後来親見知識有箇入処、見

山不是山、見水不是水。而今得箇休歇処、依前見山祇是山、見水祇是水。大衆這三般見解、是同是別。云云。」

（老僧三十年前、未だ禅に参ぜざりし時、山を見れば是れ山、水を見れば是れ水。後来、親しく知識を見て、箇の入処あるに至るに及んで、山を見れば是れ山にあらず、水を見れば是れ水にあらず。而今、箇の休歇《きうけつ》の処を得て、前に依りて、山を見れば祇《ただ》これ山、水を見れば祇これ水なり。大衆、この三般の見解《けんげ》、是れ同か、是れ別か。云云。）

これはどんな意味かと云ふと、まだ禅も何もわからなかつた時節には、世間並に、山は山、水は水と見て居た。それが後来お知識（善知識）の下で入処（さとり）があつたが、そのときは反対に、山は山でなく、水は水でないと云ふことになつた。近頃、休歇の処――即ち落著くところへ落著いた此頃は、山を見ると山、水を見ると水と云ふことになつた。この三様の見方は一つものか、さうでないか。さあ道《い》つてごらんと、云ふのが惟信の説法である。〃般若の即非的論理〃は此にも見られる。まづ常識的に分別上の肯定がある。それが全然否定せられて、分別はその根源のところで足場を失つた。が、もう一つの転機に出くはしたら否定がもとの肯定に還つた。〃無分別の分別〃が得られた、〃即非論理〃の過程を往還した。……

（『全集』第一三巻、頁一七六。〃〃による強調は引用者）

単純化して言えば、絶対否定を経たうえでの絶対的現実肯定ということであろう。「山は山、水は水」（〇度）→「山は山にあらず、水は水にあらず」（一八〇度）→「山はやはり山、水はやはり水」（三六〇度）、この円環の論理は、宋代禅に特徴的なもののひとつであり、大拙はしばしばこの譬喩によって「即非」の論理を説明する。一切を空無と徹見することであらゆる既成の分節体系が白紙にかえされ、そのまっさらな透明の眼によって、現実世界があらためて自由かつ鮮明に見て取られる。それが「即非」の論理の趣旨である。右に見える「無《む》分別《ふんべつ》の分別《ふんべつ》」という語も、差別《しゃべつ》意識にもとづくただの分別（〇度）でなく、絶対否定的無分別（一八〇度）を経たうえでの高次の分別（三六〇度）という意味で、要は「般若即非」の言い換えである。それは『金剛経の禅』では次のようにも説明されている。

何れもみんな同じ意味合ひの言葉である。之を自分は「無分別の分別」と云つてゐる。分別のないのではない、無分別から出る分別なのである。所謂る赤児の嬰孩心《（えいがいしん）》ではあるが、ただの無分別ではない、分別はある。無分別の分別、分別の無分別と云ふと、ここの意味が見えると思ふ。霊性的生活の知性的及情性的なるものと違ふ所以はここに在る。所謂る孔子の「心の欲するところに従ひて矩《（のり）》を踰《（こ）》えず」といふのがそれである。また、無難禅師の歌に、

生きながら死人となりてなり果てて心のままにするわざぞよき

といふのがある。これが無分別の分別、分別の無分別である。また行為の般若論理であ

るとも云へる。……　（『全集』第五巻、頁四〇三）

ここで「生きながら死人となる」が「Aに非ず」（無分別）、「心のままにする」が「故にAなり」（無分別の分別）に対応させられていることは見易い。大拙は同じことを「真空妙《しんくうみょう》用《ゆう》」ともよび、また西田の語を借りて「絶対矛盾《ぜったいむじゅん》の自己《じこ》同一《どういつ》」とも称し、さらにそれを右の無難の歌や『金剛経』の「応無《おうむ》所住而生其心《しょじゅうにしょうごしん》（応《まさ》に住する所なくして而《しか》もその心を生ずべし）」の句、あるいは「大用現前《だいゆうげんぜん》、軌《き》則《そく》を存《そん》せず」という禅語などにあてはめて説明する。その著述は膨大であり、その独自の用語は多様である。しかし、要は、次のような二つの対立軸の高次の統一という論旨を、さまざまに敷衍したものと言ってよい。

○AはAでない＝「山は山にあらず、水は水にあらず」＝無分別＝真空＝「応無所住」＝「死人となりて　なり果てて」＝自由

○それ故AはAだ＝「山はやはり山、水はやはり水」＝分別＝妙用＝「而生其心」＝「心のままに　するわざぞよき」＝必然

「ひじ、外に曲がらず」の一句で大拙が直観したのは、まさにこの両者の統一の一点だったのであった。だが、重要なことは、さきほどの引用で「無分別の分別」が「行為の般若論

理」と言い換えられていたように、大拙がこれを認識の論理でなく、常に行為の論理として説いていることである。『金剛経の禅』にはさらに次のような説明が見える。

「その心を生ずる」といふ、この心であるが、これがなかなか紛糾した問題である。……併《しか》し、禅などで云ふ心は、もつと〳〵深い意味のものである。分別心でも、思慮心でも、集起心でもない。これを無分別心と呼んでゐるが、分別を超越したところに働く心である。分別心又は分別意識と云ふが、かういふものの底に無分別心が働いてゐると自分は云ふのである。この無分別心の働きを見ないで、ただ分別心だけを見てゐる時に、吾等は本具底の自由を失ふのである。つまり何処かに住するところがあるといけないので、分別心では有所住とならざるを得ないのである。無分別心が分別心を通じて働いて出るといふことが分ると、この住から離れられるのである。それで「住するところなくして、その心を生ずる」と云ふのは、無分別心が、即ち住するところのない心が、分別意識上に働くの義である。「その心を生ずる」ところは分別意識であるが、それは無分別心からでなくてはならぬ、無分別心を往往に解して単なる分別を否定したものとするやうであるが、それはさうでなくして、無分別心は分別心と共に働いてゐるのである。無分別心即ち分別心、分別心即ち無分別心。有が無で、無が有であると云ふところに、「応無所住而生其心」の妙用が、働きが、出て来るのである。この働きは妙用である。……

（『全集』第五巻、頁三九二。傍点は原文）

右の行文も「分別↓無分別↓分別」という件《くだん》の円環の論理を前提としており、「即非の論理」を行為的側面から言い換えたものと言ってよい。通常の分別心による分別は、分別された諸事物への住著《とらわれ》をもたらす。そうでなく、無相にして平等一如なる本来の「心」に立ち返り、そこから諸相を分別するならば、諸相への執着に陥ることなく、個別の種々相に応じた「妙用」が自ずからに働き出してくる、それが右の一段の趣旨であろう。空観的否定を媒介とした高次の現実肯定に立つことで、個々の事物・事情に即した最も自由で最も適切な行為——すなわち「妙用」——が自ずからに発揮される、大拙の「即非」の論理の眼目はまさにその点にこそあったのである。

分別の思想を働かす原理

「妙用」が自ずからに出てくるということは、確信として語られるのみで、その根拠が論理的に示されることはない。それは、おそらく大拙にとって、体験的に直観された事実というほか無いものだったのであろう。だが、それにしても、そこで発揮される「妙用」とは如何なる行為のことであろうか。『金剛経の禅』において大拙は、「霊性的自覚」(これも「即非」の意識の別名)に立脚する主体において、「この人、この心のままにする業《わざ》、即ち行為は、みな善」であり、「悟る前には善悪があるが、悟つた後は善も悪も悉《ことごと》くが善である」と断言している(『全集』第五巻、頁四〇四)。しかし、すべてが善となりうる根拠も、また、そもそも何が善であるのかも一切説明されることはない。それは「即非」の論理が、一切の価値判断の体系を空無に還元することを旨とする以上、むしろ当然のことであったと言わねばならない。大拙の考える禅は、あくまでも次のようなものだったのである。

但ゝ禅は一一の個化した事象につきて、一定の理論・思想・指導方針を持つて居ると云ふのではない。一定の所与の事件を処理するに当りては、当局の人各ゝその分別智によりて意見を異にすることはあり得る。禅の寄与するところは、是等分別の思想を働かす原理だけなのである。此原理を無功用又は無功徳と云ふのである。知の上で云ふときは、無知の知又は無分別の分別であるが、行の上では無功徳の功徳、無用の用である。
（『禅の思想』／『全集』第一三巻、頁九八。傍点は原文）

現実の問題を処理するためには、むろん「理論・思想・指導方針」といった当事者それぞれの具体的「分別」が必要である。それゆえ大拙は戦時中の著述のなかでさえ、西洋近代の知識や技術を十分に学べと再三にわたって訴えている。

〔禅の思想に〕もし何か新たな転出があり得たとすれば、それは此体系の上に、今まで遭遇しなかつた新勢力が加はるときであらう。即ち今日の如き欧洲系統の思想の流入によりて、それとの接触が深まるときであらう。此方面から見て、これからの日本の思想界は、従来の禅経験につきて益〻深き研究を続けると同時に、西洋思想の摂取を怠ってはならぬ。（「慧能以後の禅」一九四二年／『全集』第二巻、頁四三五）

「八紘為宇」を、政治的に、帝国主義的に、また所謂る個人主義的に解して、それでわが日本の国柄の土台及びその行動を規定せんとする人〻ほど危険な思想の所有者はない。彼等は二元論者である。……此の精神（〝自然に随順する〟という東洋の民族精神）の正当な宣揚とは、只〻の「随順」主義でなく、「随順」と共に、西洋的・科学的理智と批判とを兼備したものとの義である。（『宗教経験の事実』一九四三年／『全集』第一〇巻、頁八一。これは一九四三年初版の文で、戦後の再版ではより一般論的内容に書き換えられている）

しかし、大拙にとって禅そのものは、そうした個別の知識や技術を提供するものでなく、別次元にあって、それら「分別の思想を働かす原理」なのである。伝統的な看話禅が、言語の否定↓知性の否定↓体験の獲得、という否定と集中の論理から成っていたのを、大拙は逆に、体験↓知性↓言語・行為、という肯定と発展の論理に反転し、その要となる知的「意識」の重要性を説いてやまなかった。それはひとえに、近代の機構や技術と連動し、それを自由かつ適切に機能させるための原理として禅を再編しようとする試みだったのである。

だが、近代社会の複雑な機構への分析・検証の手立てをもたぬ——むしろ、そうした分析的思考を白紙にもどすことをこそ本領とする——大拙の「禅思想」は、近代社会が歪めば、その歪んだ近代社会をそのまま働かせる原理ともなり得るものであった。大拙は時に「禅はアナキズムだ」と言い、また時には「禅は資本主義とも共産主義とも、何とでも一つになれる」と語ったという（市川白弦「遥かな回想」久松眞一・山口益・古田紹欽編『鈴木大拙——人と思想』岩波書店、一九七一年、頁一三〇）。大拙がそのように語った時、「何とでも」のなかに軍国主義や戦争肯定等は想定されていなかったはずである。しかし、近代が歪曲された戦争の時代、大拙が次のような言葉を公にしていることもまた、否定し得ない事実であった。

> 分別の世界、合目的的世界では、常に闘争があり、喧嘩があつて騒〻しい。併し、無分別的・霊性的世界が一たび瞥見せられると、喧嘩は出来ても、そこには憎悪がない。我執がない、自我を忘れた争ひであるから、如何に烈しく戦つても、憎しみといふものは出ない。敵を殺しても、それは憎しみの鏖殺〔みなごろし〕でなくて、愛のたしなめである。禅者は活人剣と殺人刀と二つを使ひ分けると云ふが、人を殺すのが即ち人を活かすこと、殺人刀が直ちに活人剣とならなければならぬ。「応無所住而生其心」でないと、此の如き神変は行ぜられない。
>
> （『金剛経の禅』／『全集』第五巻、頁三九八。傍点は原文）

もう一つ『ねぐさり』から借用する。先年上海事変のとき、戦争で日本の兵隊が突撃した。始めはワア〳〵で突進したが、いつの間にやら、それが「なむあみだぶつ」にかはつて、何れも念仏で敵陣へ切り込んだと云ふのである（頁一八二）。鈴木正三道人の『驢鞍橋《ろあんきょう》』に、武士が念仏の申しやうを尋ねるに対して、正三の教へた「飛籠《とびこみ》念仏を申さるべし」と云ふこと（巻下、第三十六節）を、ここでまた想ひ出す。自分の頸の切られるときも、「なむあみだぶつ」、他の胸をつくときも「なむあみだぶつ」。消極・積極・否定・肯定——何れにも念仏が出る。

（『日本的霊性』一九四四年／『全集』第八巻、頁一七〇）

大拙にしてこの言が、と心痛むのを禁じえない文章である。こうした発言に注目したアメリカの研究者たちの間で、数年前、ナショナリズム・オリエンタリズム・戦争協力などの観点から、大拙を厳しく批判する論が相次いで発表されたことがある。そこには、確かに、我々が虚心に受けとめるべき深刻な指摘がふくまれていた。だが、これらと同時期、大拙がたとえば次のように書いていたことも見落とすことはできない。

国のために死んだと云ふ、人のために身を殺したと云ふ。超個者自身の側からすれば——そんなことが云はれるなら——それは問題にならぬことである。それから個者の心に動いて居る超個的意志からも、それは当然の事件で、何も彼是《かれこれ》云ふべきでない。当事

者は固《もと》よりの事、その集団所属の他の人〻から見ても、身を殺して仁を成すは、固より
しかあるべき事で、何もそれがために悲しむ要は少しもないのである。併し人間はこん
な実例を見ると、手を叩いて喜ぶことをせぬ、頭を垂れて泣く。何のために泣くのか。
人間仲間には悲壮と云ふ言葉がある。論理的矛盾は行為的には悲壮である、又は義烈で
ある。こんな言葉の聞かれる限り、人間は個であり、自由であり、創造的である。
　封建時代には義理と人情と云つた。人情は個所属であり、義理は超個者である。今日
では又別の言葉を使ふであらう。言葉は時代で違ふが、行為的矛盾即ち悲劇は永遠に相
続する。人間は泣くために生れたと云つてよい。又これを人間の業とも云ふ。
（『禅の思想』／『全集』第一三巻、頁一〇〇）

　この一段は、きわめてわかりにくい。それは『禅の思想』一書が「超個」（普遍性）と「個」（主体性）の相即という禅的主題を説いてゆくなかで、この一段がにわかに「超個」（国家）による「個」（個人）の圧殺という「今日」の「悲劇」のことを語り始めているからである。その表現は隠微であり、論理は乱れている。だが、それだけに却って「人間は泣くために生れた」という悲嘆の痛切さが伝わってくる。
　大拙が戦争への悲しみや憤りをもらした言葉は、ほかにも多い。それを見つけることは、戦争肯定と見える文を捜すよりもはるかに容易であろう。だが、それらを集めて、大拙は実は戦争に反対だったのだと論証しようとすることは、逆の言説を集めて大拙を戦争協力者と

指弾するのと同様、やはり一面的議論たるを免れぬであろう。どちらの言葉も大拙その人が自らの責任で公にしたものであり、大拙はその責任を避けていない。戦中の書物をのちに再刊する際にも、大拙は当時の不都合な発言を戦後むきに削除したり修正したりはしていないのである。

戦争に対する肯定的な発言も否定的な発言も、ともに大拙自身の言葉である。それらを虚心に読むかぎり、そもそも大拙のうちに、矛盾した思考と情緒があったのだと考えざるを得ない。愚かな戦争をすべきではないという理性的認識と、戦争を始めた以上、「日本」は負けてはならぬという国家的信念、その両者の矛盾しながらの並存は当時の他の多くの知識人にも見られるものであり、大拙もその例外ではなかったのである。

大拙は一九四六年、すなわち敗戦の翌年の四月、昭和天皇への「講演」を行った。その記録を増補して公刊した『仏教の大意』（一九四七年）という書物は、次の一段をもって結ばれている。

趙州従諗《じゅうしん》はまた唐代の禅者であるが、其人に左の如き問答がある。崔郎中《さいろうちゅう》と云ふ高官の人が尋ねた、

「あなたのやうな大善知識で地獄へ堕ちるやうなことがありませうか。」

「それはある、自分はまつさきに這入《はひ》る」と、趙州は答へた。

「どうしてさういふ事がありませうか。」

「自分が這入らなかつたら、あなたに御目にかかるわけには行かないのだ。」

又或る時老婆が尋ねた、

「女人は五障の身だと申しますが、それはどうして免かれられませうか。」

「誰もかれも皆極楽へ行つてくれ、わしだけはいつまでも苦海にゐたいものです。」

これが趙州の答であつた。禅者の大悲心にはまた独特の風調があると云つてよいと思ひます。何れにしても大悲心が覿面〔てきめん、まのあたり〕に認得せられない限り法界の風光は望まれません。「地に平和、天に栄光」と申します。浄土の荘厳《しやうごん》と同じく何れも大悲心の発露に外ありません。今後の世界を救ふものは、この大悲心なのです。さうして大悲はまた大智でなくてはなりません。

（『全集』第七巻、頁七八）


二つめの問答の趙州最後の一句は、原文では「願一切人生天、願婆婆永沈苦海──願わくは一切人の天に生ぜんことを、願わくは婆婆の永く苦海に沈まんことを」となっている。「女人は五障の身」とは、自分が自分にはめた無縄自縛の観念のワクにすぎぬ。そんなものに安住しておりたければ、いつまでもそうしておるがよい、そう突き放したというのが原義である。だが、大拙はこれを、趙州が老婆になりかわっての言葉ととり、一切衆生の苦を己れ一身に引き受けようとする「大悲」の祈りの言葉と解している。

これは、語学的には誤訳であろう。しかし、これを誤訳といって済ませられるかどうか。

伝統的な禅の体験（禅を生きる）を知的意識（禅によって生きる）と接合することで近代社会との高次の連動をはたそうとした「即非」の論理、それは戦争という圧倒的で非情な現実の前に限界を露呈せざるをえなかった。大悲と大智の合一という右の結論は、悪しき現実との連動を避け得なかった「即非」の論理の限界を、論理ではなく「大悲」という祈りの心でのりこえようとしたものではなかったか。

『Living by Zen（禅による生活）』の訳者小堀宗柏が「見性」体験について問うたとき、大拙の答えは次のような一句であったという（春秋社版・鈴木大拙禅選集三「解説」）。

——そうだな、衆生無辺誓願度《しゅじょうむへんせいがんど》がわしの見性だな。

自らの「見性」をこのように語ったとき、大拙の心のなかにあったのは、もはや「無字」の体験でも「ひじ、外に曲がらず」の哲学でもなく、あの「人間は泣くために生れた」という大いなる悲しみの記憶だったのではあるまいか。

参考文献

禅の語録を読む

本書の内容に多少なりとも共感し、古典との対話という立場から禅籍を読んでみようと思ってくださった方々のために、ここで若干の読書案内を提供してみたい（本文中にかかげたものとの重複は避けない）。書誌については初出にこだわらず、現在、入手・参照の容易な版を挙げることとする。

まず、いきなり拙作で恐縮だが、本書の内容と最もよく連関するのは次の三点である。いずれも本書で示したような読み方によって、語録の原文のなかから禅の思想史を読み取ろうとしたものである。

小川　隆『神会――敦煌文献と初期の禅宗史』唐代の禅僧二、臨川書店、二〇〇七年。
小川　隆『語録のことば――唐代の禅』禅文化研究所、二〇〇七年。
小川　隆「『碧巌録』雑考」(1)―(24)、季刊『禅文化』第一八五号―第二〇八号、禅文化研究所、二〇〇二年七月―二〇〇八年四月。

第一は敦煌文献の出土によってはじめて知られるようになった初期の禅宗、第二は馬祖以後の唐代の禅宗、第三は『碧巌録』を中心とした宋代の禅宗の思想史を、それぞれ論じたものである。いずれも本書同様、原文と訓読を掲げたうえでその訳解と分析を進めるという体裁になっており、読者と原典との対話を通訳として仲介するという姿勢はかわらない。それぞれ独立の著述で、どれから読んでいただいてもかまわないが、かりに右の順序で通読していただけたら、著者の考える禅語録の思想史を通史的に理解していただけるものと思う。

我々の禅籍読解の方法は、プロローグで紹介したように入矢義高の研究に源を発する。私もその晩年十年間、謦咳に接してかけがえのない貴重な経験を恵まれた。だが正直のところ私は、入矢の生前には、その学問の意味を理解するに至らなかった。我々が近年、入矢の学問を自覚的な方法として継承し、語学的精読と思想史的分析の往復というかたちで禅語録の研究を行えるようになってきたのは、入矢の衣鉢をつぐ衣川賢次の指導によってである。衣川の論文はきわめて高度な語学的・文献学的考証を行ったものがほとんどで、しかも中国語で発表されたものが少なくない。専門外の方にはおそらく通読困難と思われるが、次のものは自力で禅籍を読もうとする人のための手引きとして、比較的わかりやすく書かれている。

衣川賢次「古典の世界──禅の語録を読む」(1)─(3)、『中国語』内山書店、一九九二年一一月号─一九九三年一月号。

ここからさらに本格的な禅籍研究に進もうとされるかたは、小川「V　原典読解のための基礎知識　1　中国の原典読解」(『禅学研究入門』第二版、大東出版社、二〇〇六年)をご覧いただければありがたい。禅籍研究の方法とそれに必要な辞書や資料の利用方法が解説してあり、衣川の他の専門的研究もそのなかに紹介してある。

次に、本文の項目にしたがって、参考文献を紹介する。

プロローグ

落語「こんにゃく問答」の本文、およびそのもとになった古い民話（主人公がこんにゃく屋でなく豆腐屋になっている）は次の本などで看ることができる。

飯島友治編『古典落語　正蔵・三木助集』ちくま文庫、一九九〇年。
麻生芳伸編『落語百選　春』ちくま文庫、一九九九年。
関　敬吾編『桃太郎・舌きり雀・花さか爺――日本の昔ばなしII』岩波文庫、一九五六年。

漱石の参禅については、次の論文がある。

加藤二郎「生死の超越――漱石の〈父母未生以前〉」『漱石と禅』翰林書房、一九九九年。

小説『門』で主人公宗助《そうすけ》は「父母《ぶも》未生以前《みしょういぜん》、本来《ほんらい》の面目《めんもく》」という別の公案を与えられているが、右の論文によれば、そのほうが漱石の実体験により近いらしい。

大拙と西田の参禅については、次の二書が詳しい。

秋月龍珉『世界の禅者――鈴木大拙の生涯』岩波同時代ライブラリー、一九九二年。
上田閑照『西田幾多郎を読む』岩波セミナーブックス、一九九一年。

このほか、西田の最初の参禅の師、雪門玄松《せつもんげんしょう》の不思議な生涯について、水上勉の評伝『破鞋《はあい》』岩波同時代ライブラリー、一九九〇年、がある。

プロローグで特筆した入矢の文章は、下記の三書に集められている。今日、学問的に禅の語録を扱おうとするならば、これらの書物は必読である。

入矢義高『求道と悦楽――中国の禅と詩』岩波書店、一九八三年。
入矢義高『自己と超越――禅・人・ことば』岩波書店、一九八六年。
入矢義高『空花集――入矢義高短篇集』思文閣出版、一九九二年。

入矢の人と学問については『入矢義高先生追悼文集』汲古書院、二〇〇〇年、がある。周到に編まれた年譜と著作目録もついており、右の三書に収められなかった文章や翻訳もこれで詳しく知ることができる。なお「麻三斤」の公案については、次の二論文に入矢説をめぐる批判と討論があるので、あわせて参照されたい。

芳澤勝弘「麻三斤・再考」『禅文化』第一六〇号、一九九六年四月。
沖本克己「禅宗の教団（六）」『禅文化』第一六一号、一九九六年七月。

伝統的な宗門の立場からの公案の扱いについて、管見のかぎりでは、やはり本文に引いた次の二書が良心的で、まじめな読書の要求に応えてくれるように思う。

柴山全慶《しばやまぜんけい》『無門関講話』工藤智光編、創元社、一九七七年。
山田《やまだ》無《む》文《もん》『むもん関講話』春秋社、一九七六年。

『無門関』については手軽な訳注も数多く出ているが、この書物に対する読みの歴史は看話禅の実践と切り離せない（禅宗古典の歴史的研究対象として重視されるような書物ではない）。なまじ中途半端に学問ふうを装ったものより、いっそ右のような本格の老師のまじめな講義を読むほうが、よほど有益であるように思われる。なお、山田無文には、ほかに禅文化研究所から『無文全集』全一六巻も刊行されている。そのなかの『碧巌録』提唱録は『碧巌録』の全文を細大漏らさず講じたもので、提唱録の圧巻といってよい。『碧巌録』の本文は、入矢義高・溝口雄三・末木文美士・伊藤文生『碧巌録』上・中・下、岩波文庫、一九九二―一九九六年、で読むことができる。

第Ⅰ部　「柏樹子」の思想史

第Ⅰ部の論旨は、主に次の三点に基づく。

小川　隆「庭前の栢樹子――いま禅の語録をどう読むか」『思想』第九六〇号〈禅研究の現在〉、二〇〇四年四月。
小川　隆「趙州の七斤布衫――禅問答の思想史」『駒澤大学大学院仏教学研究会年報』第三九号、二〇〇六年。
小川　隆「『碧巌録』雑考」（1）―（24）（前出）。

大慧の看話禅を頂点とする宋代禅宗の思想史については、次の諸論文にすぐれた考察があり、本書もこれらにきわめて多くを負うている。

土屋太祐「真浄克文の無事禅批判」『印度学仏教学研究』五一‐一、二〇〇二年。
土屋太祐「北宋期禅宗の無事禅批判と圜悟克勤」『東洋文化』第八三号〈特集　中国の禅〉、東京大学東洋文化研究所、二〇〇三年。

土屋太祐「公案禅の成立に関する試論――北宋臨済宗の思想史」『駒澤大学禅研究所年報』第一八号、二〇〇七年。
前川　亨「羅教聖典の教理――〈五部六冊〉の分析」『専修大学人文科学年報』第三四号、二〇〇四年。
前川　亨「禅宗史の終焉と宝巻の生成――『銷釈金剛科儀』と『香山宝巻』を中心に」『東洋文化』第八三号（前出）。
前川　亨「〝看話〟のゆくえ――大慧から顔丙へ」『専修大学人文科学年報』第三七号、二〇〇七年。

土屋論文は大慧の看話禅形成に至るまでの北宋期の禅宗思想史を描き出し、前川論文では、看話禅の確立以後、禅が思想的発展の限界点に達して民間信仰のなかに溶解していった過程が独自の観点と手法によって考察されている。前川の研究の重点は看話以後のほうにあるが、その前提として述べられた看話禅の分析はきわめて鋭い。

宋代公案禅の特徴として論じた「活句」「死句」の説は、厳羽《げんう》の『滄浪詩話《そうろうしわ》』詩法に「須参活句、勿参死句」の一句がそのまま掲げられるなど、禅門内部にとどまらず、宋代の詩論・詩話にも小さからぬ影響を及ぼしたことが知られている。この分野については次の諸書に詳しい研究がある。

周裕鍇《しゅうゆうかい》『文字禅与宋代詩学』高等教育出版社、一九九八年。
周裕鍇『禅宗語言』浙江人民出版社、一九九九年。

張伯《ちょうはく》偉《い》『禅与詩学（増訂本）』人民文学出版社、二〇〇八年。

本文でふれたように、道元の『正法眼蔵』は、看話禅を批判しつつ独自の文字禅を展開したものと看ることが可能である。増谷文雄「現成と道取——道元の文章論」『臨済と道元』春秋社、一九七一年、にはそうした私見と通ずるところがあるようであり、本文に引いた「無理会話」批判の一節も詳しくとりあげられている。

『正法眼蔵』の本文は、水野弥穂子校注、岩波文庫本（全四冊、一九九〇—一九九三年）で読むことができる。現代語訳は数種あるが、お互いの差異があまりに大きく、どれを読んでも何かが違うという違和感はぬぐい難い（必ずしも語学的な誤訳ということでなく）。自分のような門外漢が言うのも憚られるが、『正法眼蔵』の文章は、論理の積み上げによって真実を説明したものではなく、直観された真実そのものを言葉の音楽で奏でたもののように思われる。結局のところ、多くの人が述べているように、解らなくともともかく本文を声に出してくりかえし読んでみるのがいちばんであり、そのうえでなお文脈をたどる手がかりが欲しいと思ったら、現代語訳よりもむしろ次の書物を参考にしてみたらおもしろいであろう。

何《か》燕《えん》生《せい》訳『正法眼蔵』宗教文化出版社、二〇〇三年。

『正法眼蔵』は和文の著作とされているが、実際には純粋な和文脈ではなく、いわゆる漢文訓読体、すなわち漢文脈の直訳体を、種々に変型・展開しながら書きつづったものと看たほうがよい。そこで和文の背後にあったであろう漢文を想像してみることは、その文意を考えるうえでしばしば有力な手がかりとなる。むろん本文そのものの解釈が確定困難なのだから、想定される漢文もせいぜい可能性の一つにすぎないが、右の訳書は『正法眼蔵』を文語体の中国語（いわゆる「漢文」）に丹念に訳しなおしたもので、日本語で『眼蔵』を読もうとする人にも意外な啓発を与えてくれる。日本でも、中国書を扱っている書店で入手することができる。

次に漱石の『禅門法語集』書き入れ、および、漱石と前田利鎌の関係などについては、前掲『漱石と禅』所収の次の二論文を参照した。

加藤二郎「漱石と禅——〈明暗〉の語に即して」

加藤二郎「漱石の水脈——前田利鎌論」

前田利鎌については、ほかに岩波文庫版『臨済・荘子』（一九九〇年）の付録「年譜」（『宗教的人間』より転載）と入矢「解説」が参考になる。しかし、利鎌その人を知る最上の文献は、おそらく同書に収められた「夢堂老漢」の一篇であろう。師弟の真摯な求道の姿に痛いほど胸を打たれるが、なぜかそこに描かれる夢堂居士の姿からは深い悲哀が伝わってき、そして、それはそのまま利鎌自身の悲哀だったのだという感を禁じえない。そのなかには利鎌による姉の描写も含まれているが（文庫版、頁一四八）、それは心なしか「那美さん」の像とも重なりあうところがあるようである。

第Ⅱ部　『臨済録』導読

第Ⅱ部の内容は、前掲、小川『語録のことば——唐代の禅』の「第Ⅲ部　臨済の〈無位の真人〉」と補いあう関係にある。あわせて看ていただければ、自分としてはむろんありがたいが、しかし、本書によってもし『臨済録』に関心をもっていただけたなら、何よりもまず、入矢『臨済録』岩波文庫、一九八九年、を通読してみられることが先決だろう。そこからさらに理解を広げ深めるには、本文に挙げた次の諸研究が参考になる。

柳田聖山『臨済録』大蔵出版、仏典講座三〇、一九七二年。
入矢義高「臨済録雑感」「禅語つれづれ」『求道と悦楽』(前出)。
衣川賢次「臨済録札記」『禅文化研究所紀要』一五、一九八八年。
衣川賢次「書評　入矢義高訳注『臨済録』」『花園大学研究紀要』二一、一九九〇年。
衣川賢次「『景徳伝灯録』巻十二・臨済義玄禅師章訓注」入矢義高監修・景徳伝灯録研究会編『景徳伝灯録』第四冊、禅文化研究所、一九九七年。

柳田の禅宗史研究は、柳田自身によって『柳田聖山集』全六巻、法藏館、にまとめられつつあったが、その途中で柳田が逝去した。名著『初期禅宗史書の研究』はじめ『禅仏教の研究』、『禅文献の研究』上・下、がすでに刊行されており、つづく『臨済録の研究』が門下の方々の手で続刊予定と聞く。

『臨済録』以外の語録を読んでみようと思われる方には、まず次のものをお勧めしたい。

入矢義高編『馬祖《ばそ》の語録』禅文化研究所、一九八四年。

禅の問答にも時代的な変遷や分化があるのだが、従来はそれを一律に扱っていたために難解ないし不可解の印象が実態以上に強められていた。馬祖は唐代禅宗の事実上の開祖ともいいうる人で、その問答はその後の禅問答の原点となっている。まずここを押さえてから、他の語録に進むと、それぞれの語録の個性の差を考えやすいであろう。これにつづく馬祖系統の禅師たちの問答は、同じく入矢の監修にかかる次の書物によって読むことができる。

景徳伝灯録研究会編『景徳伝灯録』第三冊・第四冊、禅文化研究所、一九九三・一九九七年。

それぞれ『景徳伝灯録』の巻七—九と巻一〇—一二の訓注本である。数字だけを見ると中途半端なところから刊行し始めているように見えるが、『馬祖の語録』に接続するよう馬祖の弟子たちのところから訳し始めているためである。本書ではとりあげなかったが、唐代禅ではこの馬祖禅が主流を確立したあと、第二の主流ともいうべき石頭系の禅が後起する。前掲、小川『語録のことば——唐代の禅』が両者の思想的分岐を詳論しているが、右の訓注の第五冊以後が刊行されれば、後者の系統の人々の問答も原文に即しながら手軽に読めるようになるであろう（『語録のことば』の分析は、この会読に参加した経験をふまえている）。

そのご唐末五代に至ると、唐代禅の総括、具体的には馬祖系の禅と石頭系の禅の統合・止揚ないし使い分けが禅者の共通の課題となっていた。それに対する解答のひとつが臨済の「無位真人」だったのではないかというのが『語録のことば』の趣旨なのだが、言うまでもなく臨済は、あくまでもそうした総括を試みた多くの禅者のひとりにすぎない。臨済・趙州が北方の雄とすれば、南方で一大勢力を築いていたのが福建の雪峯《せっぽう》義存《ぎそん》の一門であり、その禅はのちの宋代禅の源流としても重要である。そのひとり玄沙《げんしゃ》師備《しび》の語録については、やはり入矢の監修による次の訳注がある。

唐代語録研究班『玄沙広録』上・中・下、禅文化研究所、一九八七―一九九九年。

このなかに臨済の説への痛烈な批判があることは、入矢「玄沙の臨済批判」（前掲『空花集』所収）に詳しい。また入矢「雪峰と玄沙」「雲門の禅・その〈向上〉ということ」（前掲『自己と超越』所収）の両篇によって、雪峯門下を中心とした唐末五代の禅の思想状況を知ることができる。

以上のほか、入矢・柳田の監修によって刊行された筑摩書房「禅の語録」全二〇巻（既刊一七巻）など、学問的な信頼に堪える禅語録の注解はほかにも多い。今、そのなかから、右の諸書とともに読んでみていただきたいと思うものを数点にしぼって掲げておく。

平野宗浄『頓悟要門』禅の語録六、筑摩書房、一九七〇年。

入矢義高『龐居士《ほうこじ》語録』同七、一九七三年。

入矢義高『伝心法要・宛陵録』同八、一九六九年。

秋月龍珉『趙州録』同一一、一九七二年。

入谷仙介・松村昂『寒山詩』同一三、一九七〇年。

荒木見悟『大慧書』同一七、一九六九年。

『寒山詩』については、入矢の抄訳『寒山』中国詩人選集五、岩波書店、一九五八年、をさきに読んでおかれるとよいであろう。他の禅籍の訳注については柳田『無の探求――中国禅』仏教の思想七、角川ソフィア文庫、一九九七年、の「参考文献」で詳しく知ることができる。なお、初期禅宗史に属するものはここでは省いたので、それについては、前掲、小川『神会――敦煌文献と初期の禅宗史』の巻末「読書案内」を参照して頂ければありがたい。

エピローグ

エピローグの論旨は未発表の拙稿「鈴木大拙の〈禅思想〉」に基づいている。大拙についての手軽な入門書としては秋月龍珉『鈴木大拙』講談社学術文庫、二〇〇四年、があり、また、北國新聞社編集局編『禅ZEN――鈴木大拙・没後40年』（時鐘舎新書、二〇〇六年）に新旧の聞き書きが平明かつ魅力的にまとめられている。だが、大拙を知るには、やはりまず大拙の著作を直接読んでみられるのがいいだろう。大拙の著作は一九六八年から一九七一年にかけて『鈴木大拙全集』全三〇巻・別巻二（岩波書店）に編まれ、一九八〇―一九八三年には第二次『全集』全三二巻、そして一九九九―二〇〇三年には、さらに大量の新資料を追加し周到な編修を施した増補新版『全集』全四〇巻が刊行されている（第一巻―第二五巻は旧版『全集』と同内容）。

大拙の著作は手軽な講演録や短編集がいくつか文庫本でも出ているが、本書をお読みくださった方には、敢えて次のものをお勧めしたい。

鈴木大拙『禅の思想』（『全集』第一三巻）

この本には春秋社・鈴木大拙禅選集の単刊本もある。西洋向けのものと異なり、漢文の原典を大量に引用しながらの著述だが、大拙が生前、自ら代表作に挙げていた書物であり、漢文禅籍の読み込みと大拙独自の思索とが一体になっていて、頗る読みごたえがある。大拙の本を何か一冊ときかれたら、私はいつもこれを挙げているが、漢文の引用の多さが障碍となって若い人には読み通すのが難しいようだ。大拙の著作も『正法眼蔵』のように、注釈をつけながら演習形式で読んでゆくことが必要な時代なのかもしれない。ちなみにこの書物は昭和一八年（一九四三）、東洋思想叢書（日本評論社）の一冊として公刊されたもので、おなじ叢書には竹内好の『魯迅』や武田泰淳の『司馬遷』なども入っていた。

なお、近年のアメリカの学界における大拙批判の状況については、末木文美士「内への沈潜は他者へ向いうるか——明治後期仏教思想の提起する問題」の第四節「鈴木大拙は好戦的か」（『思想』第九四三号〈特集　仏教／近代／アジア〉、二〇〇二年一一月）、およびポール・スワンソン「禅批判の諸相」（同、第九六〇号〈禅研究の現在〉、二〇〇四年四月）などを参照されたい。

参考文献（補）

原版「参考文献」の順序にしたがいつつ、その後に出た主要な書籍・論文を補う。網羅的なものではなく、あくまでも管見の及んだ範囲で、本書の内容と特に関係があると思ったものを掲げる。著者名を記していないものは拙作。＊を附した論文は、インターネット上からダウンロードできる。

禅の語録を読む

原版「参考文献」に挙げていた「『碧巌録』雑考」は、その後、①になった。

①『続・語録のことば――『碧巌録』と宋代の禅』禅文化研究所、二〇一〇年。

これを『語録のことば――唐代の禅』と続けて読んでいただければ、本書第Ⅰ部で述べた、唐代の問答から宋代の公案へという演変の様相について、より多くの実例を看ていただけよう。

それらの記述の拠り所となっていた自分の基礎研究は、のちに次の書物として公刊された。

②『語録の思想史――中国禅の研究』岩波書店、二〇一一年（何燕生訳・中国語版、復旦

大学出版社、二〇一五年）。

この後、②で解明した禅宗の思想史を平明に略説し、あわせて日本の禅との関係について考察したものに③、より広範に禅宗の特徴と歴史および研究史について概説したものとして④が出た。

③『禅思想史講義』春秋社、二〇一五年（彭丹訳・中国語版、復旦大学出版社、二〇一七年／李承妍訳・韓国語版、藝文書館、二〇一八年）。

④『中国禅宗史――「禅の語録」導読』ちくま学芸文庫、二〇二〇年。

③は大拙の『禅思想史研究』第一を意識しながら、自分なりの思想史の流れを叙述している（『禅思想史講義』という書名にも大拙『禅思想史研究』へのオマージュという気持ちが込められている）。大拙の観点を組み替えて、唐代禅（本覚的・盤珪的）と宋代禅（始覚的・白隠的）を対比し、その両極を止揚したものとして道元を位置づける、という新たな見取り図は、恩師の次の論文から学んだ。

⑤石井修道「日本達磨宗の性格」『松ヶ岡文庫研究年報』第一六号、二〇〇二年。＊これと大拙「日本禅における三つの思想類型――道元禅、白隠禅、盤珪禅」（『禅思想史研究』第一、『鈴木大拙全集』第一巻）とを対比して読んでみられたら、禅を単一のものでなく、いくつかの類型の集合体として看る複眼的な視点を得られると思う。

以上①〜④は、禅の語録から思想を読み取ることに取り組んだものだったが、禅の思想は常に具象的な日常生活と一体である。そこで禅の語録を通して、禅僧たちの生活の様相や人生の歩みを読み取ろうとしたのが次の書物である。
⑥『禅僧たちの生涯——唐代の禅』春秋社、二〇二二年。
⑥は大拙の『禅堂生活』岩波文庫、二〇一六年、から強く影響を受けている。併せて読んでいただけたらきっと面白いと思う。

プロローグ

漱石が参じた禅僧、釈宗演の著作が、周到な校注を施して⑦として復刊された。師、今北洪川が儒教と禅の一致を説いた漢文著作『禅海一瀾』（一八六二年）を、宗演が縦横無尽に講じた講義録である。禅に関する故事・逸話の引用が豊富で、単に禅の読み物として読んでも興趣は尽きないが、漱石たちが参じた明治の禅の息吹を伝える記録としても貴重である。
⑦釈宗演『禅海一瀾講話』岩波文庫、二〇一八年。
漱石が宗演から与えられ、『門』のなかにも投影された「父母未生已前本来面目」の公案については、「漱石の公案」（『図書』第八四二号、岩波書店、二〇一九年二月）に⑦を利用した考証がある。

原版「参考文献」で挙げた入矢の文集については、その後、次の増補版が出た。生前、単行本に未収だった作品が多数追加されている。
⑧入矢義高『増補　求道と悦楽——中国の禅と詩』岩波現代文庫、二〇一二年。
⑨同『増補　自己と超越——禅・人・ことば』岩波現代文庫、二〇一二年。

入矢の禅籍研究の意義と経緯については④の第五章も併せて参照ありたい。

第Ⅰ部「柏樹子」の思想史

原版「参考文献」に挙げた「庭前の柏樹子」は、のち加筆して前掲②に再録した。土屋の宋代禅宗思想史の諸研究はのちに中国語で⑩にまとめられ、中国語圏の禅宗研究に大きな影響を与えた。⑪でその梗概と関連の論文を知ることができる。

⑩土屋太祐『北宋禅宗思想及其淵源』四川出版集団巴蜀書社、二〇〇八年。

⑪同「宋代禅宗における看話禅の形成」（『駒澤大学禅研究所年報』第三二号〈特集 東アジアの一仏教伝統における学際的視座〉、二〇二〇年）。＊

土屋の研究、およびその前提となっている石井修道の研究を総合して、宋代看話禅の形成史を描き出したものに⑫がある。

⑫張超「宋代看話禅形成史綜述」（『国際禅研究』第九号、東洋大学東洋学研究所・国際禅研究プロジェクト、二〇二二年。中国語原文と伊吹敦日訳、併載）。＊

看話禅の歴史について知るには、まずこれを読み、そこから注に引かれた諸研究に遡ってゆくのが最も効率的であろう。

本書では、唐代の問答から宋代の公案への転変の過程をタテ一直線にたどっており、唐宋の禅宗思想史のヨコの広がりについては述べていない。馬祖禅とならぶ唐代禅の第二の主流派、石頭系の禅については、『語録のことば――唐代の禅』やさきの②③を看られたい。また、これまでの拙著では、もっぱら語録のなかの禅を論じているが、中国近世の禅宗史ないし仏教史を考えるにあたっては、もうひとつ、禅と諸宗の教義を一体化していった思想の流れも無視できない。それについては⑬にすぐれた研究があり、⑭でその要点を知ることができる。

⑬柳　幹康『永明延寿と『宗鏡録』の研究——一心による中国仏教の再編』法藏館、二〇一五年。

⑭同「教・禅と『宗鏡録』」（『駒澤大学禅研究所年報』第三二号〈特集 東アジアの一仏教伝統における学際的視座〉、二〇二〇年）。＊

⑬については、碧巌録研究会編「永明延寿を／から考える——柳幹康『永明延寿と『宗鏡録』の研究——一心による中国仏教の再編』合評会記録」（『駒澤大学禅研究所年報』第二十七号、二〇一五年）がある。著者が留学で不在の間に欠席裁判で行われた合評会の記録だが、仏教史・仏教文献および中国思想史のさまざまな問題にわたって広範で活発な議論が展開されており、刺激と啓発に溢れている。

原版「参考文献」に挙げた道元『正法眼蔵』の中国語訳は、その後、修訂版が出された。

⑮何燕生訳『正法眼蔵』修訂本、宗教文化出版社、二〇一七年。

前田利鎌については⑯の第一章に専論が収められた。『草枕』の「那美さん」のモデルとされる利鎌の姉、前田卓《つな》の生涯については⑰の評伝で詳しく解るようになった。

⑯飯島孝良『語られ続ける一休像——戦後思想史からみる禅文化の諸相』ぺりかん社、二

〇二一年。

⑰安住恭子『『草枕』の那美と辛亥革命』白水社、二〇一二年。

第Ⅱ部　『臨済録』導読

『臨済録』については、最近、とても良い入門書が出た。

⑱横田南嶺『臨済録に学ぶ――いかに自己を創り上げるか』致知出版社、二〇二三年。

著者は円覚寺の管長。当代を代表する傑出した現役の師家のひとりだが、宗門の伝統に自足することなく、最新の学問研究の成果を的確かつ柔軟に援用しながら、現代に活きる宗教の書として『臨済録』を活き活きと講じている。やさしい語り口で誰にもよく解るように書かれているが、内容は深い。

学問的な『臨済録』の注解・訳読の書としては、近年、次のものが出ている。

⑲柳田聖山『臨済録の研究』、『柳田聖山集』第四巻、法藏館、二〇一七年。

⑳衣川賢次『臨済録訳注』大法輪閣、二〇二三年。

㉑*The Record of Linji*, trans. and comm. by Ruth Fuller Sasaki, ed. by Thomas Yūhō Kirchner, Nanzan Library of Asian Religion and Culture, University of Hawai'i Press, 2009.

⑲には「七、臨済のことば『臨済録』口語訳の試み」「八、訓註臨済録の補訂」の他、中国の臨済宗史に関する論考も多数収められている。⑳は後掲㉔に基づく新訳。同著者による解

説書『臨済──外に凡聖を取らず、内に根本に住せず』臨川書店・唐代の禅僧8、二〇一一年、もある。㉑はルース・F・佐々木の『臨済録』英訳の遺稿を、釈雄峰ことトーマス・カーシュナーが丹念に修訂・補足し、詳しい解説を加えて一書にまとめたもの。ルース・F・佐々木（一八九二─一九六七）は、戦後まもなく来日し、大徳寺龍泉庵に日米第一禅協会をかまえて師佐々木指月（一八八二─一九四五）の遺稿『臨済録』英訳の刊行を目ざし、入矢と柳田をその改訂作業班の中心に迎えた（佐々木指月は戦前渡米してニューヨークで禅の伝道に努めていたが、大戦のために収容所に入れられた。ルースはそれを米国籍の取得によって救い出すべく師と入籍したという）。このプロジェクトが入矢・柳田による唐代禅籍解読進展の重要な舞台の一つとなったことについて、詳しくは㉑の解説、ごく簡単な紹介なら④の第五章を看られたい。しかし、そういう研究史上の記念碑的意味だけでなく、実際に『臨済録』を原文で読むための手引きとしても、㉑はたいへん有用なすぐれた書物にしあげられていると思う。

二〇一六年は、臨済禅師一一五〇年の遠諱《おんき》に当たっていた。その記念行事の一つとして国際学会「臨済禅師1150年遠諱記念『臨済録』国際学会」が京都の花園大学において行われ、その成果が次の論文集にまとめられた。

㉒禅文化研究所編『『臨済録』研究の現在』禅文化研究所、二〇一七年。

遠諱の記念事業にあわせ、二〇一六年、長らく未完のまま品切れがつづいていた筑摩書房・禅の語録も、筑摩書房と禅文化研究所の協力によって、オンデマンド方式で復刊された。未刊の二点のかわりに『馬祖の語録』と『玄沙広録』を編入し、さらに解説の巻を新規に作成する、全二十巻・二十二冊の新編成によってである。その際、新たに作った解説の巻が第二十巻『「禅の語録」導読』で、それを文庫版にしたのがさきの④であった（誤字・誤記の訂正をのぞけば、内容は変わっていない）。

また、これより前、「禅の語録」の事実上の姉妹編ともいえる、禅文化研究所の訓注本『景徳伝灯録』にも続巻が出ている。

㉓景徳伝灯録研究会編『景徳伝灯録』第五冊、禅文化研究所、二〇一三年。

ここに収められているのは巻十三―十五の訓注だが、『景徳伝灯録』では巻十四以後が石頭系の禅者の言行録に当てられている。「禅の語録」では手薄だった石頭系の禅の解読が、この書物によって大きく補われることになった。

中国の禅籍に対する近年の比較的新しい訳読・注解の成果に、次のものがある。

㉔『新国訳大蔵経　中国撰述部①－7〈禅宗部〉』大蔵出版、二〇一九年。

齋藤智寛『六祖壇経』（敦博本）

衣川賢次『臨済録』（『天聖広灯録』臨済章）

㉕『新国訳大蔵経　中国撰述部①－6〈禅宗部〉』大蔵出版、二〇一九年。

土屋太祐『法眼録』（『五家語録』本）

柳　幹康『無門関』（寛永刊本）

法眼については、土屋『法眼』臨川書店・唐代の禅僧12、が近刊と聞く。『無門関』の訳注や提唱はこれまでにも多数あったが、㉕の注解が最も新しく詳しい。これを看ると『無門関』の頌や評唱《ひょうしょう》の大半が、先人の語句の借用から成っていることが分かる。南宋末に編まれたこの小さな公案集は、中国本土ではほとんど影響力をもたなかったが、日本の禅門で重んじられ、やがて日本のみならず世界的にも最も翻訳の多い禅籍となった。次の㉖では、この書物の受容史を通じて、日本中世の公案禅の実態や、禅が日本文化と結びつけられていった経緯、禅がZENとして海外に発信されていった時代背景など、禅の歴史のさまざまな様相が興味ぶかく描き出されている。

㉖ディディエ・ダヴァン『『無門関』の出世双六——帰化した禅の聖典』平凡社・ブックレット〈書物をひらく〉、二〇二〇年。

書物の価値や性格は、持って生まれたものではなく、「読まれ方」の歴史によって後天的に形成されるものだということがよく解る。

エピローグ　大拙

原版「参考文献」で「エピローグの論旨は未発表の拙稿「鈴木大拙の〈禅思想〉」に基づいている」と述べた。その論考はのちに②の第三章・第二節に収めた。その趣旨は、他の材料を加えながら③の第四講で敷衍されている。

大拙については、対象が巨大かつあまりにも多面的なため、最初に読む手ごろな入門書が得難かったが、最近、次の本が出た。

㉗竹村牧男『NHK宗教の時間　鈴木大拙　願行に生きる――その生涯と西田幾多郎との交遊』上・下、NHK出版、二〇二三年。

ラジオ講座のテキストなので、耳で聴いて解るようにやさしく書かれている。入り組んだ説明を控え、かわりに大拙や西田の文章が豊富に引かれているので、大拙自身のことばで読む活きた大拙入門となっている。

大拙についての本格的な評伝や研究書としては、次のものが刊行されている。

㉘安藤礼二『大拙』講談社、二〇一八年。

㉙蓮沼直應《ちょくよう》『鈴木大拙――その思想構造』春秋社、二〇二〇年。

㉘が「現時点において最も公正かつ詳細に大拙の生涯と思想を論じたもの」（頁二）として援用しているステファン・P・グレイスの学位論文『鈴木大拙の研究――現代「日本」仏教の自己認識とその「西洋」に対する表現』＊は、オンラインで容易に看ることができる（二〇一五年、駒澤大学学術機関リポジトリ）。㉙は大拙の日文著作の精読によって、その思想の諸問題を一つずつ深く掘り下げていった重厚な研究書。

原版「参考文献」の最後で一九九〇年代のアメリカの研究者たちからの大拙批判にふれているが、その後、欧米の大拙研究は、一面的な偶像破壊の段階を抜け出して、大きな広がりと深まりを見せつつある。英語世界での大拙の読まれ方を公平な立場から考察したものに㉚、海外の研究者の論文を多数収録した論文集に㉛がある。

㉚リチャード・ジャフィ（小川訳）「いま、大拙を読む――*Zen and Japanese Culture*

二〇一〇年版解説」『思想』第一〇八二号、岩波書店、二〇一四年六月。

㉛山田奨治、ジョン・ブリーン編『鈴木大拙 禅を超えて』思文閣出版、二〇二〇年。

㉛の編者山田奨治には『東京ブギウギと鈴木大拙』人文書院、二〇一五年、という著書もある。大拙の養子アランについて詳しく調べたもので、人間大拙の知られざる一面を垣間見せてくれる。㉛と同じ年、日本の研究者の論考を集めた次の論集も刊行された。

㉜『現代思想』二〇二〇年一一月臨時増刊号〈総特集 鈴木大拙――生誕一五〇年 禅からZenへ〉、青土社、二〇二〇年。

㉛㉜を看ると、大拙に関する主題と論点の多様さに驚かされる。㉛の書名が示すように、大拙に関する研究は、今、「禅を超えて」多くの方向に広がっていっている。それ自体は必然的なことであり、そこから多くの貴重な成果が生み出されていることは間違いない。しかし、「禅だけで大拙は語れない」ということは「禅ヌキで大拙を語れる」ということと同義ではないだろう。我田引水かも知れないが、私はやはり、大拙の思想は禅を離れては理解できないと思う。その為には、やはり、原版「参考文献」で特筆した『禅の思想』を読んでいただくのが一番良いと、今も信じる。この本は、のちに文庫本になった。

㉝鈴木大拙『禅の思想』岩波文庫、二〇二一年。

原版「参考文献」に記したように、この本は大拙自身が生前、代表作に挙げていた書物だが、漢文の引用の多さが通読の障碍となっていた。㉝では多くのふりがなが追加され、さらに柳幹康によって本文中の難解の語に対する語注と所引の漢文原典に対するていねいな訓読文が施され、格段に読みやすいものになっている（文庫版で追加された語注と訓読は、原著にもともとあったものとは区別して表示されている）。巻末には、内容についての横田南嶺「解説」と書誌・時代背景などに関する小川「解題」も附されているが、この「解題」と㉜所載の「大拙の禅思想史研究」を併せて読んでいただいたら、大拙の禅思想が実地の体験と哲学的思索だけでなく、禅思想史に対する独自の学問研究とも不可分であったことを感じ取っていただけると思う。

以　上

学術文庫版あとがき

「凡例」に掲げたように、本書は、次の書物を学術文庫用に改版・改装したものです。

書物誕生　あたらしい古典入門
『臨済録』――禅の語録のことばと思想』岩波書店、二〇〇八年

書名は編集部の求めに応じて改めましたが、「凡例」に示した少許の修整のほかは、内容・文章を一切変更していません。この書物は、良くも悪くも、あくまでも二〇〇八年、自分の四十七歳の時の作品として結晶しており、すでに著者の手を離れた独立の人格をもつ書物として、多くの方に読んでいただいてきたものだからです。

むろん、「参考文献（補）」に挙げたように、その後、禅研究の分野にも、自分自身の勉強にも、それなりの進展や変化がありました。しかし、それらを踏まえて、今日の眼で読み返してみても、本書は当初の生命力をいささかも失っていないと、自分では感じます。逆に六十を超えた今の自分には、このようにピンと張りつめた感じの文章はもう書けないかな、と、少々寂しい気持ちもしています。

本書だけでなく、当初、本書が収められた「書物誕生　あたらしい古典入門」という叢書自体が、私にとっては、深い思い入れのある、懐かしくかけがえのないものになっています。刊行が始まった時に新聞に載った短い紹介の記事が、この叢書の趣旨と特色をとてもよくまとめてくれていますので、新聞社の許諾を得て、ここに全文を写しておきます。

《叡智を求めて　新たに読み解く東西の古典》

古典を古典たらしめているのは普遍性である。現在を生きる人々にとっても「知恵のありか」だからこそ、読むべき価値があるのではないか。そんな狙いで刊行が始まったのが、岩波書店の「書物誕生」シリーズ（全三十巻）。プラトン「国家」、司馬遷「史記」、マルコ・ポーロ「東方見聞録」など東西の代表的な古典を第一線の研究者が解説することで、新たな読みの可能性を提供する。

各巻とも、作品が生まれた背景や後世に与えた影響、解釈の変遷をたどった「書物の旅路」と、著者ならではの視点で作品を読み解く「作品世界を読む」の二部構成となっている。編者は内山勝利・京大名誉教授、丘山新・東大教授、杉山正明・京大教授の三人。丘山氏は「古典の誕生と旅路を描き、今、あらためて古典の叡智から現代を問い直そうという試み」とこのシリーズを位置づける。

第一弾として、逸身喜一郎・東大教授による「『オイディプース王』と『バッカイ』」、大木康・東大教授による「『史記』と『漢書』」、小川隆・駒澤大教授による「『臨済録』」の三冊を発売。例えば「『臨済録』」では、意味不明と思われがちな禅問答を、発せられた唐代の禅の文脈に戻すことで、いきいきとした意味をよみがえらせている。

（『日本経済新聞』二〇〇八年一二月一日・朝刊「文化往来」欄）

本書も右のような叢書全体の趣旨にしたがって書かれました。本書が「プロローグ」「第Ⅰ部　書物の旅路」「第Ⅱ部　作品世界を読む」「エピローグ」の四部構成になっているのも、叢書全体の共通の構成に基づいたものでした。

この叢書は、岩波書店編集部の杉田守康《もりやす》さんが企画されたものでした。杉田さんはこの叢書を構想しはじめた頃、当時、東京大学東洋文化研究所にお勤めだった丘山新《はじめ》先生（一九四八—二〇二二）のもとを訪れ、たびたび話しこんでおられました。縁あって丘山先生にいろいろお世話になり、よくその研究室を訪ねていた私は、先生から杉田さんに引き合わされ、その話し合いに加わるように言われました。どうやったら禅の語録が読み解けるようになるのか、それだけで頭がいっぱいだった当時の私にとって、古典を読むことの普遍的な意義を問うという高次の議論は、はじめ、自分とは無縁の迂遠なものに思われました。しかし、熱い思いを内に秘めながら淡々と静かに語る杉田さんの話を聴くうちに、私はどんどん引き込まれ、禅の語録を読むことも、決して古典を読むという一般的な営為の例外ではないと感ずるようになりました。本書「プロローグ」の最後の一節「禅籍との対話——本書のめざすもの」は、いわば、その時に杉田さんから出された試験問題に対する自分なりの答案のようなものになっています。

書名と著者名のリストがほぼできあがった頃、杉田さんは東京と京都で各一回、執筆予定者を集めて会合を開きました。代表者一名が自分の書こうとしている本の要旨と構想を発表し、それを叩き台にして、みんなで自由に語りあうという会です。議論を通じて、各自が著書のイメージを膨らませ、執筆の意欲を高めることが目的でした。東京の方では、私が代表に指名されました。理由は簡単です。他の執筆予定者は立派な先生ばかりだったので、並みいる碩学たちの前で口頭試問を受けさせるような仕事は、畏れ多くて、他の誰にも頼めなかったのです。

会は大成功でした。私自身は緊張の面持ちで大まじめにお話ししたつもりでしたが、日ごろ難しい古典の解読に没頭しておられる先生がたにとって、禅問答の話は、面白おかしい奔放な漫談みたいに聞こえたようでした。発表の後、いろいろな分野からの質問や意見が次々跳び出して、議論も雑談も異様に盛り上がりました。「学際的」ってこういう事なんだなと実感できる、刺激と啓発がいっぱいの一夕でした。古典を読むということは、一人で書物の深奥に沈潜する孤独な営みであると同時に、読んだ書物をもとに、みんなで語りあい、互いに考えを深めあう、楽しい共同作業の営みでもあるのだということを感じました。

二〇〇八年一一月の刊行開始にあわせ、杉田さんはさらに記念の座談会を開きました。作家の阿刀田高先生をゲストにお迎えし、叢書の編者である内山勝利先生と丘山先生と鼎談していただくという企画で、私はその司会を命ぜられました。叢書中、ただ一人畏れ多くなかった私は、丘山先生と杉田さんにとって、いつでも気やすく使える便利な著者でした。

この座談会も、とても面白いものになりました。その記録は『図書』二〇〇八年一二月号（第七一八号）に載っています。そのなかで、私は次のように発言していますが、これは、さきの会合で得た自分の実感を歴史に投影したものでした。

古典を読むことはよく昔の人との対話にたとえられますね。他人と話すことで、未知の問題を新しく考えさせられたり、すでに持っている課題を別様に考えさせられたりする。生きている人との間でも当然それがありますが、書物があるおかげで五〇〇年に一人しか出ない偉大な人とも語りあうことができる。そこにさらに歴代の注釈や翻訳を重ね合わせてみることで、一対一の対話が時を超えた多人数の討論に発展します。古典学の意味も、技術的なことだけではなく、そのあたりにあるのではないでしょうか。

本書の執筆の過程では、書物を読むことだけでなく、書物を書くこともまた、対話の営みのひとつであることが解りました。原稿の段階でも、校正刷りの段階でも、杉田さんが、万年筆の端正な文字で、多くの感想や提案を余白に書き入れてくれました。書き入れに従って書き直してゆくと、自分の独り合点の文章が、読んでくださる方との双方向の交流をめざす文章に生まれ変わってゆくのが感じられました。単著とはいえ、実際には、杉田さんとの往復書簡集を後から一人称で書き直したものと言ってもいいぐらいです。杉田さんのそうした導きのおかげで『『臨済録』——禅の語録のことばと思想』は、幸い多くの方に読んでいただける書物となり、幾度も版を重ねることができました。また、この書物を縁として、多くの方との貴重な出逢いにも恵まれました。自分が聴いて一番うれしかった感想は、「自分では漢文が読めるはずがないのに、この本を読んだ後、なぜか漢文の語録を自分で直《じか》に読んだような気がした」というものでした。

しかし、刊行から十数年を過ぎると、増刷が止まり、入手困難になりました。そこで本書を学術文庫に入れることを企画してくださったのが、講談社編集部の岡林彩子さんでした。杉田さんに悪いかなと思って恐る恐る相談したら、杉田さんはこの書物がまた新しい読者に出逢う機会を得られるのはよいことだと言って同意してくださり、その後、岩波書店からも正式の許諾をいただいて、文庫化の作業が始まりました。

岡林さんもかつての杉田さんと同じように、今回の文庫版の校正刷りを複写したものに、たくさんの意見や提案を書き入れてくれました。それらは、時に鋭く、時に温かく、どれも、頗る有益で有意義なものばかりでした。しかし、原著への強く頑なな思い入れを捨てられなかった私は、原型を保存することに固執し、多くの貴重なご指摘を活かすことができませんでした。ほんとうに心苦しく申し訳なく思いましたが、岡林さんはこちらの気持ちを汲んで、「いえ、私たちはご提案するだけです。最終的には、著者の思いを良い形にしあげて読者のみなさまにお届けするのが、私たちの仕事ですから」、そうやさしく微笑みながら、辛抱づよくていねいに編集作業を進めてくださいました。

すぐれた編集者は、自らが著者のよき対話の相手となるだけでなく、著者と読者の双方向の対話を橋渡しする、よき仲介者でもあるのだということをここでも深く感じました。頭の良さで相手に言い勝とうとする人ばかりが多い昨今の世の中、相手の言葉をよく聴き、相手の考えと気持ちをよく理解し、相手の良さを引き出すために自分の聡明さを使ってくださる、そんな編集者というお仕事に、つくづく頭が下がりました。

＊

原型に固執するとはいえ、カバーは当然、文庫版用の新しいものに変わりました。新しいカバーに掲げたのは、東京世田谷の野沢龍雲寺（大澤山龍雲寺）に保存されている、白隠禅師の達磨図です。今回、住職の細川晋輔老師の特別のご厚意で画像をご提供いただきました。龍雲寺さまは、先代の細川景一老師以来、二代にわたって、私がひとかたならずお世話になっているお寺です。絵の全体は次頁のようなもので、達磨の上に次のような賛が書かれています。

このつらを　祖師の面《おもて》と見るならば　鼠をとらぬ猫と知るべし

「祖師」は達磨のこと。「鼠をとらぬ猫」とは、まるで役に立たないということでしょう。

半身達磨（白隠慧鶴筆、大澤山龍雲寺所蔵）

「この顔が達磨に見えるようでは、役立たずもいいところだ」。まぎれもなく祖師達磨の絵なのに、白隠禅師は、なぜか、そう言っているのです。

ふつうなら、達磨図にはよく「直指《じきし》人心《にんしん》　見性《けんしょう》成仏《じょうぶつ》」と書かれます。たいていは一息に音読みされますが、意味をとって訓読すると「人心《にんしん》を直指《じきし》して、見性《けんしょう》成仏《じょうぶつ》せしむ」。本来仏《ほとけ》であるみなの心をズバリと指さし、それぞれ自分の仏性を見て仏と成らせる。つまり、本来仏であるという事実を指し示して、みなをそこに立ち返らせる、ということです。

この言葉の最も古い例は、臨済禅師の師の黄檗《おうばく》禅師の次の言葉だと言われています。

此の時に到りて、方《はじ》めて知りぬ、祖師西来《そしせいらい》し、人心《にんしん》を直指《じきし》して、見性成仏《けんしょうじょうぶつ》せしめ、言説《ごんぜつ》に在《かか》わらずと。（入矢義高『伝心法要・宛陵録』禅の語録八、頁八五）

同じことを黄檗禅師が「祖師西来して、一切人の全体是れ仏なることを直指す」「祖師は西来して、唯だ心仏を伝え、汝等《なんじら》の心の本来是れ仏なるを直指せり」、そう説いていることは、すでに本書第Ⅰ部・第一章で看たとおりです。簡単に言えば、「祖師」達磨は「即心是仏」という活きた事実、それを「直指」するためにはるばる「西来」したのだ、というわけです（本書、頁三八—頁三九）。

これらの語に基づいて考えれば、白隠禅師の賛が、実は我々にこう迫っているのだということが分かります。——こちらが祖師という対象を看ているのではない。逆にこの祖師の方から、お前は、今、心をズバリと「直指」されているのだ。さあ、この場で、その己れの心に気づかぬか！　そのことに気づかず、他人《ひと》ごとのように絵を眺めておるばかりでは、ネズミをとらぬネコも同然、とんだ役立たずというものではないか！

二〇二四年三月五日

小川　隆

KODANSHA

本書の原本『『臨済録』――禅の語録のことばと思想』は二〇〇八年に「書物誕生　あたらしい古典入門」の一冊として岩波書店から刊行されました。

小川　隆（おがわ　たかし）

1961年生。駒澤大学大学院仏教学専攻博士課程満期退学。博士（文学）（東京大学，2009年）。駒澤大学総合教育研究部教授。専門は中国禅宗史。著書に『神会』，『語録の思想史』，『語録のことば　唐代の禅』，『続・語録のことば　『碧巌録』と宋代の禅』，『禅思想史講義』，『中国禅宗史』，『禅僧たちの生涯』など多数。

講談社学術文庫

定価はカバーに表示してあります。

臨済録《りんざいろく》のことば
禅《ぜん》の語録《ごろく》を読《よ》む

小川《おがわ》　隆《たかし》

2024年５月14日　第１刷発行

発行者　森田浩章
発行所　株式会社講談社
東京都文京区音羽 2-12-21 〒112-8001
電話　編集（03）5395-3512
販売（03）5395-5817
業務（03）5395-3615
装　幀　蟹江征治
印　刷　株式会社広済堂ネクスト
製　本　株式会社国宝社
本文データ制作　講談社デジタル製作

ISBN978-4-06-535721-7

「講談社学術文庫」の刊行に当たって

これは、学術をポケットに入れることをモットーとして生まれた文庫である。学術は少年の心を養い、成年の心を満たす。その学術がポケットにはいる形で、万人のものになることは、生涯教育をうたう現代の理想である。

こうした考え方は、学術を巨大な城のように見る世間の常識に反するかもしれない。また、一部の人たちからは、学術の権威をおとすものと非難されるかもしれない。しかし、それはいずれも学術の新しい在り方を解しないものといわざるをえない。

学術は、まず魔術への挑戦から始まった。やがて、いわゆる常識をつぎつぎに改めていった。学術の権威は、幾百年、幾千年にわたる、苦しい戦いの成果である。こうしてきずきあげられた城が、一見して近づきがたいものにうつるのは、そのためである。しかし、学術の権威を、その形の上だけで判断してはならない。その生成のあとをかえりみれば、その根は常に人々の生活の中にあった。学術が大きな力たりうるのはそのためであって、生活をはなれた学術は、どこにもない。

開かれた社会といわれる現代にとって、これはまったく自明である。生活と学術との間に、もし距離があるとすれば、何をおいてもこれを埋めねばならない。もしこの距離が形の上の迷信からきているとすれば、その迷信をうち破らねばならぬ。

学術文庫は、内外の迷信を打破し、学術のために新しい天地をひらく意図をもって生まれた。文庫という小さい形と、学術という壮大な城とが、完全に両立するためには、なおいくらかの時を必要とするであろう。しかし、学術をポケットにした社会が、人間の生活にとってより豊かな社会であることは、たしかである。そうした社会の実現のために、文庫の世界に新しいジャンルを加えることができれば幸いである。

一九七六年六月　　　　野間省一

宗教

531
キリスト教問答
内村鑑三著（解説・山本七平）
近代日本を代表するキリスト教思想家内村鑑三が、信仰と人生を語る名著。「来世は有るや無きや」などキリスト教の八つの基本問題に対して、はぎれよく簡明に答えるとともに、人生の指針を与えてくれる。

533
法句経《ほっくきょう》講義
友松圓諦著（解説・奈良康明）
原始仏教のみずみずしい感性を再興し、昭和の仏教改革運動の起点となった書。法句経の名を天下に知らしめるとともに、仏教の真の姿を提示した。混迷を深める現代日本の精神文化に力強い指針を与える書。

547
歎異抄《たんにしょう》講話
暁烏《あけがらす》敏《はや》著（解説・松永伍一）
本書は、明治期まで秘義書とされた『歎異抄』をはじめて公衆に説き示し、その真価を広く一般に知らしめた画期的な書である。文章の解釈、さらに種々の角度からの解説により、『歎異抄』の真髄に迫る。

550
仏教聖典
友松圓諦著（解説・友松諦道）
釈尊の求道と布教の姿を、最古の仏典を素材にして格調高い文章で再現した仏教聖典の決定版。全日本仏教会の推薦を受け、広く各宗派にわたって支持され、全国にあまねくゆきわたった、人生の伴侶となる書。

555
八宗綱要《はっしゅうこうよう》　仏教を真によく知るための本
凝然大徳《ぎょうねんだいとく》著／鎌田茂雄全訳注
仏教の教理の基本構造を簡潔に説き明かした名著。凝然大徳の『八宗綱要』は今日なお仏教概論として最高のものといわれている。その原文に忠実に全注釈を加えた本書は、まさに初学者必携の書といえる。

639
沢木興道《さわきこうどう》聞き書き　ある禅者の生涯
酒井得元《とくげん》著（解説・鎌田茂雄）
沢木興道老師の言葉には寸毫の虚飾もごまかしもない。ここには老師の清らかに、真実に、徹底して生きぬいた一人の禅者の珠玉の言葉がちりばめられている。近代における不世出の禅者、沢木老師の伝記。

宗教

679
友松圓諦著（解説・奈良康明）
法句経《ほっくきょう》
法句経は、お経の中の「論語」に例えられる釈尊の人生訓をしるしたお経。宗教革新の意気に燃え、人間平等の人格主義を貫く青年釈尊のラジカルな思想を、四百二十三の詩句に謳いあげた真理の詞華集である。

690
M・エックハルト著／相原信作訳（解説・上田閑照）
神の慰めの書
「脱却して自由」「我が苦悩こそ神なれ、神こそ我が苦悩なれ」と好んで語る中世ドイツの神秘思想家エックハルトが、己れの信ずるところを余すところなく説いた不朽の名著。格調高い名訳で、神の本質に迫る。

707
柳田聖山《せいざん》著
禅と日本文化
禅とは何か。禅が日本人の心と文化に及ぼした影響、またその今日的課題とは何か。これら禅の基本的テーゼが明快に説かれるとともに、禅からの問いかけとして〈現代〉への根本的な問題が提起されている。

717
大森曹玄《そうげん》著（解説・寺山旦中）
参禅入門
禅を学ぶには理論や思想も必要であるが、実践的には直接正師につくことが第一である。本書は「わが修道の記録」と自任する著者が、みずからの体験に照らして整然と体系化した文字禅の代表的な指南書。

756
鎌田茂雄著
般若心経《はんにゃしんぎょう》講話
数多くのお経の中で『般若心経』ほど人々に親しまれているものはない。わずか二六二文字の中に、無限の真理と哲学が溢れているからである。本書は字句の解釈に捉われることなく、そのこころを明らかにした。

785
鎌田茂雄著
正法眼蔵随聞記《しょうぼうげんぞうずいもんき》講話
学道する人は如何にあるべきか、またその修行法や心構えについて生活の実際に即しながら弟子の懐奘に気骨をこめて語った道元禅師。その言葉を分かりやすく説きながら人間道元の姿を浮彫りにする。

宗教

1239

道教の神々

窪　徳忠著

道教の神々の素顔に迫る興味尽きない研究書。日本の習俗や信仰に多大の影響を及ぼした道教。鍾馗や竈の神など、中国唯一の固有宗教といわれる道教の神々を紹介。道教研究に新局面を拓いた著者の代表作。

1294

宗教学入門

脇本平也著（解説・山本哲雄）

人間生活に必要な宗教の機能と役割を説く。宗教学とは何か。信仰や伝道とは無縁の立場から世界の多宗教を客観的に比較考察。宗教を人間の生活現象の一つとして捉え、その基本知識を詳述した待望の入門書。

1334

玄奘三蔵《げんじょうさんぞう》　西域・インド紀行

慧立《えりゅう》・彦悰《げんそう》著／長澤和俊訳

天竺の仏法を求めた名僧玄奘の不屈の生涯。七世紀、大唐の時代に中央アジアの砂漠や天に至る山巓を越えて聖地インドを目ざした求法の旅。更に経典翻訳の大事業に生涯をかけた玄奘三蔵の最も信頼すべき伝記。

1422

仏陀のいいたかったこと

田上太秀《たがみたいしゅう》著（解説・湯田　豊）

釈尊の言動のうちに問い直す仏教思想の原点。霊魂の否定、宗教儀礼の排除、肉食肯定等々、釈尊の教えは日本仏教と異なるところが多い。釈尊は何を教えどこへ導こうとしたのか。仏教の始祖の本音を探る好著。

1441

夢中問答集

夢窓国師《むそうこくし》著／川瀬一馬校注・現代語訳

仏教の本質と禅の在り方を平易に説く法話集。悟達明眼の夢窓が在俗の武家政治家、足利直義の問いに懇切丁寧に答える。大乗の慈悲、坐禅と学問などについて、欲心を捨てることの大切さと仏道の要諦を指し示す。　電 P

1444

歎異抄

梅原　猛全訳注（解説・杉浦弘通）

大文字版

流麗な文章に秘められた生命への深い思想性。悪人正機、他力本願を説く親鸞の教えの本質とは何か。親鸞の苦悩と信仰の極みを弟子の唯円が書き綴った聖典を、詳細な語釈、現代語訳、丁寧な解説を付し読みとく。　電 P

1645〜1652
道元著／増谷文雄全訳注
正法眼蔵（一）〜（八）

禅の奥義を明かす日本仏教屈指の名著を解読。魂を揺さぶる迫力ある名文で仏教の本質を追究した『正法眼蔵』。浄土宗の人でありながら道元に深く傾倒した著者が繰り返し読み込み、その真髄は何かに肉迫する。

1668
鈴木大拙著（解説・田上太秀）
禅学入門

大文字版

禅界の巨星が初学者に向けて明かす禅の真実。外国人への禅思想の普及を図り、英語で執筆した自著を自らが邦訳。諸師家と弟子との禅問答を豊富に添えて禅の概要を懇切に説くとともに、修行の実際を紹介する。

電P

1685
五来《ごらい》　重《しげる》著
熊野詣
三山信仰と文化

日本人の思想の原流・熊野。記紀神話と仏教説話、修験思想の融合が織りなす謎と幻想に満ちた聖なる空間を宗教民俗学の巨人が踏査、活写した歴史的名著の文庫化。熊野三山の信仰と文化に探るこころの原風景。

電P

1686
田上太秀著
『涅槃経』を読む
ブッダ臨終の説法

いまわの際にブッダが説いた秘密の教えとは。多彩な比喩を用いた巧みな問答形式で、ブッダが自らの得た覚りを弟子たちに開示した『涅槃教』。東アジアの仏教思想に多大な影響を与えた経典の精髄を読み解く。

電P

1756
北森嘉蔵著（解説・関根清三）
聖書の読み方

大文字版

聖書には多くのメッセージが秘められている。聖書に基づくケイス・スタディにより、その読み方を具体的かつ根元的なかたちで提示、聖書の魅力を浮き彫りにする。わかりづらい聖書を読み解くためのコツとは。

電P

1768
大谷哲夫全訳注
道元「小参《しょうさん》・法語・普勧坐禅儀《ふかんざぜんぎ》」

仏仏祖祖の家訓をやさしく説く小参。仏道の道理を懇切に述べた法語。只管打坐、坐禅の要諦と心構えを記した普勧坐禅儀。真剣勝負に生きた道元の思想を漢文体の名文で綴った『永平広録』巻八を丁寧に解説する。

中国の古典

2451～2455
井波律子訳
水滸伝（一）～（五）

中国武侠小説の最大傑作にして「中国四大奇書」の一つ。北宋末の乱世を舞台に、好漢百八人が暴力・知力・胆力を発揮し、戦いを繰り広げながら、「梁山泊」へと集結する！　勢いのある文体で、完全新訳！

電P

2476
顔之推著／林田愼之助訳
顔氏家訓

王朝の興亡が繰り返された乱世の古代中国を生き抜いた名門貴族が子孫に書き残した教えとは。家族の在り方、教育、養生法、仕事、死をめぐる態度まで、人生のあらゆる局面に役立つ英知が現代語で甦る！

電P

2534
宇野精一訳注
孟子　全訳注

王の正しいあり方、人として心がけること、なしてはならぬこと、理想の国家、性善説――『大学』『中庸』『論語』と並び「四書」の一つとされ、儒教の教えの根幹を現代まで伝える必読書を、格調高い現代語訳で。

電P

2539
池田知久訳注
老子　全訳注

無為自然、道、小国寡民……。わずか五四〇〇字に込められた、深遠なる宇宙論と政治哲学、倫理思想と養生思想は今なお示唆に富む。二〇〇〇年以上読みつがれる大古典の全訳注。根本経典を達意の訳文で楽しむ。

電P

2589
劉《りゅう》　向《きょう》著／池田秀三訳注
説苑《ぜいえん》

前漢の大儒・劉向の編纂になり、皇帝の教育用の書として作られた故事説話集の全訳が文庫に。本書には精選された九十五を収録。「君子の徳は風」「忠臣は君に殉ぜず」など、君と臣のあり方や、身の処し方を説く。

電P

2642
呉　兢著／石見清裕訳注
貞観政要　全訳注

唐王朝最盛期を築いた名君と謳われる太宗が、自らの統治の是非について臣下と議論を交わし、時に痛烈な諫言を受け入れた様を描く不朽の「帝王学」。平明な全文訳と、背景となる中国史がわかる解説による決定版。

電P